SYN… …REITSBUCH
…IEN

Synoptisches Arbeitsbuch zu den Evangelien

Die vollständigen Synopsen nach Markus, nach Mattäus, nach Lukas, mit den Parallelen aus dem Johannes-Evangelium und den nicht-kanonischen Vergleichstexten sowie einer Auswahlkonkordanz

Bearbeitet und konkordant übersetzt von
RUDOLF PESCH
in Zusammenarbeit mit Ulrich Wilckens und Reinhard Kratz

Benziger Verlag / Gütersloher Verlagshaus Gerd Mohn

Band 4 *Auswahlkonkordanz*

Benziger Verlag / Gütersloher Verlagshaus Gerd Mohn

CIP-Kurztitelaufnahme der Deutschen Bibliothek

Synoptisches Arbeitsbuch zu den Evangelien:
d. vollst. Synopsen nach Markus, nach Mattäus, nach Lukas mit d. Parallelen aus d. Johannes-Evangelium u. d. nicht-kanon. Vergleichstexten sowie e. Auswahlkonkordanz / bearb. u. konkordant übers. von Rudolf Pesch in Zsarb. mit Ulrich Wilckens u. Reinhard Kratz. – Zürich, Einsiedeln, Köln: Benziger; Gütersloh: Gütersloher Verlagshaus Mohn.
ISBN 3-545-23027-9 (Benziger)
ISBN 3-579-03998-9 (Gütersloher Verlagshaus Mohn)

NE: Pesch, Rudolf [Bearb.]

Bd. 4. → Auswahlkonkordanz

Auswahlkonkordanz / [bearb. u. konkordant übers. von Rudolf Pesch in Zsarb. mit Ulrich Wilckens u. Reinhard Kratz]. – Zürich, Einsiedeln, Köln: Benziger; Gütersloh: Gütersloher Verlagshaus Mohn, 1980.
(Synoptisches Arbeitsbuch zu den Evangelien; Bd. 4)
ISBN 3-545-23034-1 (Benziger)
ISBN 3-579-04886-4 (Gütersloher Verlagshaus Mohn)

NE: Pesch, Rudolf [Bearb.]

Gesamtwerk (4 Bände in Schuber):

ISBN 3-545-23027-9 (Benziger)
ISBN 3-579-03998-9 (Gütersloher Verlagshaus)

Band 4:

ISBN 3-545-23034-1 (Benziger)
ISBN 3-579-04886-4 (Gütersloher Verlagshaus)

Ausstattung und Typographie: Alfred Janietz, Hamburg
Gesamtherstellung Clausen & Bosse, Leck
Printed in Germany

Zur Arbeit an der Synopse gehört der genaue Vergleich des Wortgebrauchs der Evangelisten in Übereinstimmung und Differenz. Der Wortgebrauch kann anhand einer Konkordanz, welche die Wörter auffinden läßt, leicht untersucht werden. Die hier vorgelegte Auswahlkonkordanz, die fast alle häufiger vorkommenden Wörter (mit Ausnahme von Pronomen, Partikeln und nicht charakteristischen Alltagswörtern wie ›sagen‹ oder ›setzen, stellen, legen‹) verzeichnet, kann zwar dem des Griechischen Kundigen die griechische Konkordanz nicht ersetzen, aber den übrigen Lesern ausreichende, ja sehr gute Hilfe leisten. Wo nicht konkordant übersetzt werden konnte, sind die entsprechenden Wörter durch Verweise (→) und teilweise durch Zeichen (⁺) kenntlich gemacht.

Um den spezifischen Wortgebrauch eines Evangelisten zu erheben, muß der Benutzer freilich den Wortgebrauch aller Evangelisten untersuchen, um der Übereinstimmungen und Differenzen (im jeweiligen Kontext!) ansichtig zu werden.

A

Abend
Mt 8,16; 14,15.23; 16,2; 20,8; 26,20; 27,57
Mk 1,32; 4,35; 6,47; 14,17; 15,42

abgelegen
Mt 14,13.15
Mk 1,35.45; 6,31.32.35
Lk 4,42; 9,10.12

Abraham
Mt 1,1.2.17; 3,9; 8,11; 22,32
Mk 12,26
Lk 1,55.73; 3,8.34; 13,16.28; 16,22.23.24.25.29.30; 19,9; 20,37

ab-, wegführen
Mt 7,13.14; 26,57; 27,2.31
Mk 14,44.53; 15,16
Lk 13,15; 21,12; 22,66; 23, 26

Abrechnen, Abrechnung halten
Mt 18,23.24; 25,19

abreißen, auflösen⁺
Mt 5,17⁺; 24,2; 26,61; 27,40
Mk 13,2; 14,58; 15,29
Lk 21,6

abschlagen → wegnehmen

achten → beachten

achthaben → sehen *(blepo)*
Mk 8,15; 12,38; 13,9.23.33
Lk 21,8.30

Acker, Feld, Hof *(agros)*
Mt 6,28.30; 13,24.27.31.36.38.44; 19,29; 22,5; 24,18.40; 27,7.8.10
Mk 5,14; 6,36.56; 10,29.30; 11,8; 13,16; 15,21 (16,12)
Lk 8,34; 9,12; 12,38; 14,18; 15,15.25; 17,7.31; 23,26

Ähre
Mt 12,1
Mk 2,23; 4,28
Lk 6,1

Ältester, Alter⁺
Mt 15,2⁺; 16,2; 21,23; 26,3.47.57; 27,1.3.12.20.41; 28,12
Mk 7,3⁺.5⁺; 8,31; 11,27; 14,43.53; 15,1
Lk 7,3; 9,22; 15,25⁺; 20,1; 22,52

Äon
Mt 12,32; 13,22.39.40.49; 24,3; 28,20
Mk 4,19; 10,30
Lk 16,8; 18,30; 20,34.35

alles, ganz *(hapas)*
Mt 6,32; 24,39; 28,11
Mk 1,27; 5,40; 8,25; 11,32; 16,15
Lk 2,39.51; 3,16.21; 4,6.40; 5,11.26.28; 7,16; 8,37; 9,25; 11,41; 15,13; 17,27.29; 19,7.37.48; 20,6; 21,4.12.15; 23,1

Almosen
Mt 6,1.2.3.4
Lk 11,41; 12,33

alt *(archaios)*
Mt 5,21.27.33
Lk 9,8.19

alt *(palaios)*
Mt 9,16.17; 13,52
Mk 2,21.22
Lk 5,36.37.39

Altar
Mt 5,23.24; 23,18.19.20.35
Lk 1,11; 11,51

Amen
Mt 5,18.26; 6,2.5.16; 8,10; 10,15.23.42; 11,11; 13,17; 16,28; 17,20; 18,3.13.18.19; 19,23.28; 21,21.31; 23,36; 24,2.34.47; 25,12.40.45; 26,13.21.34; 28,20
Mk 3,28; 8,12; 9,1.41; 10,15.29; 11,23; 12,43; 13,30; 14,9.18.25.30
Lk 4,24; 12,37; 18,17.29; 21,32; 23,43

anbinden → binden

anblicken, er-⁺, blicken
Mt 6,26; 19,26
Mk 8,25⁺; 10,21.27; 24,67
Lk 20,17; 22,61

Andreas
Mt 4,18; 10,2
Mk 1,16.29; 3,18; 13,3
Lk 6,14

anfahren
Mt 9,30
Mk 1,43; 14,5

Anfang, Obrigkeit⁺
Mt 19,4.8; 24,8.21
Mk 1,1; 10,6; 13,8.19
Lk 1,2; 12,11⁺; 20,20

anfangen
Mt 4,17; 11,7.20; 12,1; 14,30; 16,21.22; 18,24; 20,8; 24,49; 26,22.37.74
Mk 1,45; 2,23; 4,1; 5,17.20; 6,2.7.34.55; 8,11.31.32; 10,28.32.41.42.47; 11,15; 12,1.14; 13,5; 14,19.33.65.69.71; 15,8.18
Lk 3,8.23; 4,21; 5,21; 7,15.24.38.39.49; 9,12; 11,29.53; 12,1.45; 13,25.26; 14,9.18.29.30; 15,14.24; 19,37.45; 20,9; 21,28; 22,23; 23,2.5.30; 24,27.47

anflehen → flehen

Angesicht, Gesicht, Ansehen
Mt 6,16.17; 11,10; 16,3; 17,2.6; 18,10; 22,16; 26,39.67;
Mk 1,2; 12,14; 14,65
Lk 2,31; 5,12; 7,27; 9,29.51.52.53; 10,1; 12,56; 17,16; 20,21; 21,35; 24,5

angesichts, vor *(enopion)*
Lk 1,6.15.17.19.75.76; 4,7; 5,18.25; 8,47; 12,6.9; 13,26; 14,10; 15,10.18.21; 16,15; 23,14; 24,11.43

anherrschen
Mt 8,26; 12,16; 16,20.22; 17,18; 19,13; 20,31
Mk 1,25; 3,12; 4,39; 8,30.32.33; 9,25; 10,13.14.48
Lk 4,35.39.41; 8,24; 9,21.42.55; 17,3; 18,15.39; 19,39; 23,40

anklopfen
Mt 7,7.8
Lk 11,9.10; 12,36; 13,25

ankommen → auftreten

annehmen
Mt 5,17; 10,34; 20,10
Lk 2,44; 3,23

annehmen → aufnehmen

anordnen *(prostasso)*
Mt 1,24; 8,4;
Mk 1,44
Lk 5,14

anschauen, zur Schau, schauen
Mt 6,1; 11,7; 22,11; 23,5
Mk 16,11.14
Lk 5,27; 7,24; 23,55

Ansehen → Gesicht

anspeien
Mt 26,67; 27,30
Mk 10,34; 14,65; 15,19
Lk 18,32

Anstoß
Mt 13,41; 16,23; 18,7
Lk 17,1

Anstoß geben, nehmen
Mt 5,29.30; 11,6; 13,21.57; 15,12; 17,27; 18,6.8.9; 24,10; 26,31.33
Mk 4,17; 6,3; 9,42.43.45.47; 14,27.29
Lk 7,23; 17,2

antworten, das Wort nehmen, vorbringen+
Mt 3,15; 4,4; 8,8; 11,4.25; 12,38.39.48; 13,11.37; 14,28; 15,3.13.15.23.24.26.28; 16,2.16.17; 17,4.11.17; 19,4.27; 20,13.22; 21,21.24.27.29.30; 22,1.29.46; 24,2.4; 25,9.12.26.37.40.44.45; 26,23.25.33.62.63.66; 27,12.14.21.25; 28,5
Mk 3,33; 5,9; 6,37; 7,6.28; 8,4.28.29; 9,5.6.+12.17.19.38; 10,3.5.20.24.29.51; 11,14.22.29.30.33; 12,17.24.28.29.34.35; 13,2.5; 14,20.40.48.60.61; 15,2.4.5.9.12
Lk 1,19.35.60; 3,11.16; 4,4.8.12; 5,5.22.31; 6,3; 7,22.40.43; 8,21.50; 9,19.20.41.49; 10,27.28.41; 11,7.45; 13,2.8.14.15.25; 14,3.5; 15,29; 17,17.20.37; 19,40; 20,3.7.24.34.39; 22,51.68; 23,3.9.40; 24,18

anweisen
Mt 11,1
Lk 3,13; 8,55; 17,9.10

anzeigen → zeigen

anziehen, kleiden
Mt 6,25; 22,11; 27,31
Mk 1,6; 6,9; 15,17.20
Lk 8,27; 12,22; 15,22; 16,19; 24,49

Apostel
Mt 10,2
Mk 6,30
Lk 6,13; 9,1.10; 11,49; 17,5; 22,14; 24,10

arbeiten, wirken
Mt 7,23; 21,28; 25,16; 26,10
Mk 14,6
Lk 13,14

Arbeiter
Mt 9,37.38; 10,10; 20,1.2.8
Lk 10,2.7; 13,27

arm
Mt 5,3; 11,5; 19,21; 26,9.11
Mk 10,21; 12,42.43; 14,5.7
Lk 4,18; 6,20; 7,22; 14,13.21; 16,20.22; 18,22; 19,8; 21,3

Arzt
Mt 9,12
Mk 2,17; 5,26
Lk 4,23; 5,31; 8,43

auf(er)stehen
Mt 9,9; 12,41; 17,9; 20,19; 22,24; 26,62
Mk 1,35; 2,14; 3,26; 5,42; 7,24; 8,31; 9,9.10.27.31; 10,1.34.50; 12,23.25; 14,57.60; 16,9
Lk 1,39; 4,16.29.38.39; 5,25.28; 6,8; 8,55; 9,8.10; 10,25; 11,7.8.32; 15,18.20; 16,31; 17,12.19; 18,33; 22,45.46; 23,1; 24,7.12.33.46

Auferstehung *(anastasis)*
Mt 22,23.28.30; 22,31
Mk 12,18.23
Lk 2,34; 14,14; 20,27.33.35.36

auferwecken → aufrichten

auffallen → erscheinen

auffressen, -essen
Mt 13,4; 23,14
Mk 4,4; 12,40
Lk 8,5; 15,30; 20,47

Aufgang, Osten+
Mt 2,1+.2.9; 8,11+; 24,27+
Lk 1,78; 13,29+

aufgehen
Mt 4,16; 5,45; 13,6
Mk 4,6; 16,2
Lk 12,54

aufheben → tragen

auflösen → abreißen

aufnehmen, an-
Mt 10,14.40.41; 11,14; 18,5
Mk 6,11; 9,37; 10,15
Lk 2,28; 8,13; 9,5.11.48.53; 10,8.10; 16,4.6.7.9; 18,17; 22,17 *(greifen)*

aufrichten, auf(er)wecken+, sich erheben
Mt 1,24; 2,13.14.20.21; 3,9+; 8,15.25+.26; 9,5.6.7.19.25+; 10,8+; 11,5+; 11,11+; 12,11.42; 14,2+; 16,21+; 17,7.9+; 17,23+; 20,19+; 24,7.11.24; 25,7; 26,32+.46; 27,52+.63+.64+; 28,6+.7+
Mk 1,31; 2,9.11.12; 3,3; 4,27.38+; 5,41; 6,14+.16+; 9,27; 10,49; 12,26+; 13,8.22; 14,28.42; 16,6.14
Lk 1,69; 3,8+; 5,23.24; 6,8; 7,14.16+; 7,22+; 8,24+.54; 9,7+.22+; 11,8.31; 13,25; 20,37+; 21,10; 24,6+.34+

(auf)schreien
Mk 1,23; 6,49;
Lk 4,33; 8,28; 23,18

Aufschrift
Mt 22,20
Mk 12,16; 25,26
Lk 20,24; 23,38

aufstehen → aufrichten

auftragen *(paraggello)*
Mt 10,5; 15,35
Mk 6,8; 8,6
Lk 5,14; 8,29.56; 9,21

auftragen *(syntasso)*
Mt 21,6; 26,19; 27,10

auftreten, ankommen
Mt 2,1; 3,1.13;
Mk 14,43
Lk 7,4.20; 8,19; 11,6; 12,51; 14,21; 19,16; 22,52

Auge
Mt 5,29.38; 6,22.23; 7,3.4.5; 9,29.30; 13,15.16; 17,8.9; 20,15.33; 21,42; 26,43
Mk 7,22; 8,18.25; 9,47; 12,11; 14,40
Lk 2,30; 4,20; 6,20.41.42; 10,23; 11,34; 16,23; 18,13; 19,42; 24,16.31

ausfertigen → bereiten

ausliefern, übergeben, überliefern
Mt 4,12; 5,25; 10,4.17.19.21; 11,27; 17,22; 18,34; 20,18.19; 24,9.10; 25,14.20.22; 26,2.15.16.23.24.25.45.46.48; 27,2.3.4.18.26
Mk 1,14; 3,19; 4,29; 7,13; 9,31; 10,33; 13,9.11.12; 14,10.11.18.21.41.42.44; 15,1.10.15
Lk 1,2; 4,6; 9,44; 10,22; 12,58; 18,32; 20,20; 21,12.16; 22,4.6.21.22.48; 23,25; 24,7.20

ausruhen
Mt 11,28; 26,45
Mk 6,31; 14,41
Lk 12,19

aussätzig
Mt 8,2; 10,8;; 11,5; 26,6
Mk 1,40; 14,3
Lk 4,27; 7,22; 17,12

außerhalb, draußen
Mt 5,13; 10,14; 12,46.47; 13,48; 21,17.39; 26,69.75;
Mk 1,45; 3,31.32; 4,11; 5,10; 8,23; 11,4.19; 12,8; 14,68
Lk 1,10; 4,29; 8,20.54; 13,25.28.33; 14,35; 20,15; 22,62; 24,50

außer sich geraten
Mt 7,28; 13,54; 19,25; 22,33
Mk 1,22; 6,2; 7,37; 10,26; 11,18
Lk 2,48; 4,32; 9,43

außer sich sein, bringen+
Mt 12,23
Mk 2,12; 3,21; 5,42; 6,51
Lk 2,47; 8,56; 24,22+

ausstrecken
Mt 8,3; 12,13.49; 14,31; 26,51
Mk 1,41; 3,5
Lk 5,13; 6,10; 22,53

austreiben
Mt 7,22; 8,16.31; 9,33.34; 10,1.8; 12,24.26.27.28; 17,19
Mk 1,34.39; 3,15.22.23; 6,13; 7,26; 9,18.28.38; 16,9.17
Lk 9,40.49; 11,14.15.18.19.20; 13,32

B

Bandenkrieger → Räuber

bauen
Mt 7,24.26; 16,18; 21,33.42; 23,29; 26,61; 27,40
Mk 12,1.10; 14,58; 15,29
Lk 4,29; 6,48.49; 7,5; 11,47.48; 12,18; 14,28.30; 17,28; 20,17

Baum
Mt 3,10; 7,17.18.19; 12,33; 13,32; 21,8
Mk 8,24; 11,8
Lk 3,9; 6,43.44; 13,19; 21,29

beachten, achten, durchschauen+
Mt 7,3
Lk 6,41; 12,24.27; 20,23+

Becher
Mt 10,42; 20,22.23; 23.25.26; 26,27.39
Mk 7,4; 9,41; 10,38.39; 14,23.36
Lk 11,39; 22,17.20.42

bedienen → dienen

Beelzebul
Mt 10,25; 12,24.27
Mk 3,22
Lk 11,15.18.19

befehlen *(keleuo)*
Mt 8,18; 14,9.19.28; 18,25; 27,58.64
Lk 18,40

begegnen *(apantao)*
Mk 14,13
Lk 17,12

begegnen *(hypantao)*
Mt 8,28; 28,9
Mk 5,2
Lk 8,27; 14,31

begegnen *(synantao)*
Lk 9,37; 22,10

Begegnung *(hypantäsis)*
Mt 8,34; 25,1

begraben
Mt 8,21.22; 14,12
Lk 9,59.60; 16,22

begreifen
Mt 15,17; 16,9.11; 24,15
Mk 7,18; 8,17; 13,14

begrüßen → grüßen

Begrüßung → Gruß

behelligen
Mt 9,36
Mk 5,35
Lk 7,6; 8,49

beibringen
Mt 3,7
Lk 3,7; 6,47; 12,5

bekennen
Mt 7,23; 10,32; (14,7)
Lk 12,8

bekommt, es
Mt 5,29.30; 18,6; 19,10

bemerken → erkennen *(epiginosko)*

beobachten
Mk 3,2
Lk 6,7; 14,1; 20,20

bereit
Mt 22,4.8; 24,44; 25,10
Mk 14,15
Lk 12,40; 14,17; 22,33

bereiten, ausfertigen
Mt 3,3; 20,23; 22,4; 25,34.41; 26,17.19
Mk 1,3; 10,40; 14,12.15.16; 15,1
Lk 1,17.76; 2,31; 3,4; 9,52; 12,20.47; 17,8; 22,8.9.12.13; 23,56; 24,1

Berg
Mt 4,8; 5,1.14; 8,1; 14,23; 15,29; 17,1.9.20; 18,12; 21,1.21; 24,3.16; 26,30; 28,16
Mk 3,13; 5,5.11; 6,46; 9,2.9; 11,1.23; 13,3.14; 14,26
Lk 3,5; 4,29; 6,12; 8,32; 9,28.37; 19,29,37; 21,21.37; 22,39; 23,30

berühren
Mt 8,3.15; 9,20.21.29; 14,36; 17,7; 20,34
Mk 1,41; 3,10; 5,27.28.30.31; 6,56; 7,33; 8,22; 10,13
Lk 5,13; 6,19; 7,14.39; 8,16.44.45.46.47; 11,33; 15,8; 18,15; 22,51.55

Beschluß
Mt 12,14; 22,15; 27,1.7; 28,12
Mk 3,6; 15,1

Beschwerde
Mt 26,10
Mk 14,6
Lk 11,7; 18,5

besessen sein
Mt 4,24; 8,16.28.33; 9,32; 12,22; 15,22
Mk 1,32; 5,15.16.18;
Lk 8,36

Betanien
Mt 21,17; 26,6
Mk 11,1.11.12; 14,3
Lk 19,29; 24,50

beten
Mt 5,44; 6,5.6.7.9; 14.23; 19,13; 23,14; 24,20; 26,36.39.41.42.44
Mk 1,35; 6,46; 11,24.25; 12,40; 13,18; 14,32.35.38.39
Lk 1,10; 3,21; 5,16; 6,12.28; 9,18.29; 11,1.2; 18,1.10.11; 20,47; 22,40.41.44.46

Betlehem
Mt 2,1.5.6.8.16
Lk 2,4.15

betrüben, sich
Mt 14,9; 17,23; 18,31; 19,22; 26,22.37
Mk 10,22; 14,19

betrübt
Mt 26,38
Mk 6,26; 14,34
Lk 18,23.24

Betsaida
Mt 11,21
Mk 6,45;8,22
Lk 9,10; 10,13

binden, an-
Mt 12,29; 13,30; 14,3; 16,19; 18,18; 21,2; 22,13; 27,2
Mk 3,27; 5,3.4; 6,17; 11,2.4; 15,1.7
Lk 13,16; 19,30

bitten, fragen *(erotao)*
- *Mt* *15,23; 16,13; 19,17; 21,24*
- *Mk* *4,10; 7,26; 8,5; 12,14*
- *Lk* *4,38; 5,3; 7,3.4.36; 8,37; 9,45; 11,37; 14,18.19.32; 16,27; 19,31; 20,3; 22,68; 23,3*

bitten → trösten → verlangen

Blatt
- *Mt* *21,19; 24,32*
- *Mk* *11,13; 13,28*

bleiben
- *Mt* *10,11; 11,23; 26,38*
- *Mk* *6,10; 14,34*
- *Lk* *1,56; 8,27; 9,4; 10,7; 19,5; 24,29*

blicken → anblicken

blind
- *Mt* *9,27.28; 11,5; 12,22; 15,14.30.31; 20,30; 21,14; 23,16.17.19.24; 23,26*
- *Mk* *8,22.23; 10,46.49.51*
- *Lk* *4,18; 6,39; 7,21.22; 14,13.21; 18,35*

Blitz
- *Mt* *24,27; 28,3*
- *Lk* *10,18; 11,36; 17,24*

blitzen
- *Lk* *17,24; 24,4*

Blut
- *Mt* *16,17; 23,30.35; 26,28; 27,4.6.8.24.25.49*
- *Mk* *5,25.29; 14,24*
- *Lk* *8,43.44; 11,50.51; 13,1; 22,20.24*

böse
- *Mt* *5,11.37.39.45; 6,13.23; 7,11.17.18; 9,4; 12,34.35.39.45; 13,19.38.49; 15,19; 16,4; 18,32; 20,15; 22,10; 25,26*
- *Mk* *7,22.23*
- *Lk* *3,19; 6,22.35.45; 7,21; 8,2; 11,13.26.29.34; 19,22*

Boot
- *Mt* *4,21.22; 8,23.24; 9,1; 13,2; 14,13.22.24.29.32.33; 15,39*
- *Mk* *1,19.20; 4,1.36.37; 5,2.18.21; 6,32.45.47.51.54; 8,10.14*
- *Lk* *5,2.3.7.11; 8,22.37*

Bote → Engel

brauchen
- *Mt* *6,32*
- *Lk* *11,8; 12,30*

brechen
- *Mt* *14,19; 15,36; 26,26*
- *Mk* *8,6.19; 14,22*
- *Lk* *22,19; 24,30*

bringen
- *Mt* *14,11.18; 17,17*
- *Mk* *1,32; 2,3; 4,8; 6,27.28.32; 8,22; 9,17.19.20; 11,2.7; 12,15.16; 15,22*
- *Lk* *5,18; 15,23; 23,26; 24,1*

Brocken
- *Mt* *14,20; 15,37*
- *Mk* *6,43; 8,8.19.20*
- *Lk* *9,17*

Brot
- *Mt* *4,3.4; 6,11; 7,9; 12,4; 14,17.19; 15,2.26.33.34.36; 16,5.7.8.9.10.11.12; 26,26*
- *Mk* *2,26; 3,20; 6,8.36.37.38.41.44.52; 7,2.5.27; 8,4.5.6.14.16.17.19; 14,22*
- *Lk* *4,3.4; 6,4; 7,33; 9,3.13.16; 11,3.5.11; 14,1.15; 15,17; 22,19; 24,30.35*

Bruder
- *Mt* *1,2.11; 4,18.21; 5,22.23.24,47; 7,3.4.5; 10,2.21; 12,46.47.48.50; 13,55; 14,3; 17,1; 18,15.21.35; 19,29; 20,24; 22,24.25; 23,8; 25,40; 28,10*
- *Mk* *1,16.19; 3,17.31.32.33.34.35; 5,37; 6,3.17.18; 10,29.30; 12,19.20; 13,12*
- *Lk* *3,1.19; 6,14.41.42; 8,19.20.21; 12,13; 14,12.26; 15,27.32; 16,28; 17,3; 18,29; 20,28.29; 21,16; 22,32*

Bursche → Kind *(pais)*

C

Christus
- *Mt* *1,1.16.17.18; 2,4; 11,2; 16,16.20; 22,42; 24,5.23; 26,63.68; 27,17.22*
- *Mk* *1,1; 8,29; 9,41; 12,35; 13,21; 14,61; 15,32*
- *Lk* *2,11.26; 3,15; 4,41; 9,20; 20,41; 22,67; 23,2.35.39; 24,26.46*

D

da → dann

Dach
- *Mt* *10,27; 24,17*
- *Mk* *13,15*
- *Lk* *5,19; 12,3; 17,31*

Dämon
- *Mt* *7,22; 9,33.34; 10,8; 11,18; 12,24.27.28; 17,18*
- *Mk* *1,34.39; 3,15.22; 5,12; 6,13; 7,26.29.30; 8,31; 9,38; 16,9.17*
- *Lk* *4,33.35.41; 7,33; 8,2.27.29.30.33.35.38; 9,1.42.49; 10,17; 11,14.15.18.19.20; 13,32*

Dank → Gnade

danken → Dank sprechen
- *Mt* *15,36; 26,27*
- *Mk* *8,6; 14,23*
- *Lk* *17,16; 18,11; 22,17.19*

Dank sprechen → danken

dann, da
- *Mt* *2,7.16.17; 3,5.13.15; 4,1.5.10.11.17; 5,24; 7,5.23; 8,26; 9,6.14.15.29.37; 11,20; 12,13.22.29.38.44.45; 13,26.36.43; 15,1.12.28; 16,12.20.21.24.27; 17,13.19; 18,21.32; 19,13.27; 20,20; 21,1; 22,8.13.15.21; 23,1; 24,9.10.14.16.21.23.30.40; 25,1.7.31.34.37.41.44.45; 26,3.14.16.31.36.38.45.50.52.56.65.67.74; 27,3.9.13.16.26.27.38.58; 28,10*
- *Mk* *2,20; 3,27; 13,14.21.26.27*
- *Lk* *5,35; 6,42; 11,24.26; 13,26; 14,9.10.21; 16,16; 21,10.20.21.27; 23,30; 24,45*

David
- *Mt* *1,1.6.17.20; 9,27; 12,3.23; 15,22; 20,30.31; 21,9.15; 22,42.43.45*
- *Mk* *2,25; 10,47.48; 11,10; 12,35.36.37*
- *Lk* *1,27.32.69; 2,4.11; 3,31; 6,3; 18,38.39; 20,41.42.44*

Denar
- *Mt* *18,28; 20,2.9.10.13; 22,19*
- *Mk* *6,37; 12,15; 14,5*
- *Lk* *7,41; 10,35; 20,24*

desgleichen, gleicherweise
- *Mt* *22,26; 26,35; 27,41*
- *Mk* *15,31*
- *Lk* *3,11; 5,10.33; 6,31; 10,32.37; 13,3; 16,25; 17,28.31; 22,36*

Dieb
- *Mt* *6,19.20; 24,43*
- *Lk* *12,33.39*

dienen, be-
- *Mt* *4,11; 8,15; 20,28; 25,44; 27,55*
- *Mk* *1,13.31; 10,45; 15,41*
- *Lk* *4,39; 8,3; 10,40; 12,37; 17,8; 22,26.27*

dienen *(douleuo)*
- *Mt* *6,24*
- *Lk* *15,29; 16,13*

Diener*(diakonos)*
- *Mt* *20,26; 22,13; 23,11*
- *Mk* *9,35; 10,43*

Diener *(hypäretäs)*
- *Mt* *5,25; 26,58*
- *Mk* *14,54.65*
- *Lk* *1,2; 4,20*

Ding → Spruch *(rhäma)*

diskutieren
Mk 1,27; 8,11; 9,10.14.16; 12,28
Lk 22,23; 24,15

Dorf
Mt 9,35; 10,11; 14,15; 21,2
Mk 6,6.36.56; 8,23.26.27; 11,2
Lk 5,17; 8,1; 9,6.12.52.56; 10,38; 13,22; 17,12; 19,30; 24,13

Dornen
Mt 7,16; 13,7.22; 27,29
Mk 4,7.18
Lk 6,44; 8,7.14

Drangsal
Mt 13,21; 24,9.21.29
Mk 4,17; 13,19.24

draußen → außerhalb

drei
Mt 12,40; 13,33; 15,32; 17,4; 18,16.20; 26,61; 27,40.63
Mk 8,2.31; 9,5.31; 10,34; 14,58; 15,29
Lk 1,56; 2,46; 4,25; 9,33; 10,36; 11,5; 12,52; 13,7.21

dreißig
Mt 13,8.23; 26,15; 27,3.9
Mk 4,8.20
Lk 3,23

dritter
Mt 16,21; 17,23; 20,3.19; 22,26; 26,44; 27,64
Mk 12,21; 14,41; 15,25
Lk 9,22; 12,38; 13,32; 18,33; 20,12.31; 23,22; 24,7.21.46

dünken → meinen

durchschauen → beachten

E

edel → gut *(kalos)*

ehebrechen
Mt 5,27.28.32; 19,9.18
Mk 10,11.12.19;
Lk 16,18; 18,20

ehren, schätzen
Mt 15,4.6.8; 19,19; 27,9
Mk 7,6.10; 10,19
Lk 18,20

Eid
Mt 5,33; 14,7.9; 26,72
Mk 6,26
Lk 1,73

einschärfen
Mt 16,20
Mk 5,43; 7,36; 8,15; 9,9

einsetzen
Mt 24,45.47; 25,21.23
Lk 12,14.42.44

einsteigen
Mt 8,23; 9,1; 13,2; 14,22.32; 15,39
Mk 4,1; 5,18; 6,45; 8,10.13
Lk 5,3; 8,22.37

einziggeboren
Lk 7,12; 8,42; 9,38

Elias
Mt 11,14; 16,14; 17,3.4.10.11.12; 27,47.49
Mk 6,15; 8,28; 9,4.5.11.12.13; 15,36
Lk 1,17; 4,25.26; 9,8.19.30.33.54

Eltern
Mt 10,21
Mk 13,12
Lk 2,27.41.43; 8,56; 18,29; 21,16

Ende
Mt 10,22; 17,25; 24,6.13.14; 26,58
Mk 3,26; 13,7.13
Lk 1,33; 18,5; 21,9.22.37

Ende finden → sterben

Engel, Bote+
Mt 1,20.24; 2,13.19; 4,6.11; 11,10+; 13,39.41.49; 16,27; 18,10; 22,30; 24,31.36; 25,31.41; 26,53; 28,2.5
Mk 1,2+.13; 8,38; 12,25; 13,27.32
Lk 1,11.13.18.19.26.28.30.34.35.38; 2,9.10.13.15.21; 4,10; 7,24.27+; 9,26.52+; 12,8.9; 15,10; 16,22; 22,43; 24,23

entferntsein, weghaben+
Mt 6,2+.5+.16+; 14,24; 15,8
Mk 7,6; (14,41)
Lk 6,24+; 7,6; 15,20; 24,13

entlanggehen
Mt 9,6.27; 20,30
Mk 1,16; 2,14; 15,21

entlassen
Mt 1,19; 5,31.32; 14,15.22.23; 15,23.32.39; 18,27; 19,3.7.8.9; 27,15.17.21.26
Mk 6,36.45; 8,3.9; 10,2.4.11.12; 15,6.9.11.15
Lk 2,29; 6,37; 8,38; 9,12; 14,4; 16,18; 22,68; 23,16.17.18.20.22.25

Entsetzen
Mk 5,42; 16,8
Lk 5,26

entwurzeln
Mt 13,29; 25,13
Lk 17,6

Erbarmen
Mt 9,13; 12,7; 13,23
Lk 1,50.54.58.72.78; 10,37

erbarmen, sich
Mt 5,7; 9,27; 15,22; 17,15; 18,33; 20,30.31
Mk 5,19; 10,47.48
Lk 16,24; 17,13; 18,38.39

Erbe, das
Mt 21,38
Mk 12,7
Lk 12,13; 20,14

Erbe, der
Mt 21,38
Mk 12,7
Lk 20,14

erbeben
Mt 21,10; 27,51; 28,4

erben
Mt 5,5; 19,29; 25,34
Mk 10,17
Lk 10,25; 18,18

Erdbeben
Mt 8,24; 24,7; 27,54; 28,2
Mk 13,8

Erde, Land
Mt 2,6.20.21; 4,15; 5,5.13.18.35; 6,10.19; 9,6.26.31; 10,15.29.34; 11,24.25; 12,40.42; 13,5.8.23; 14,24.34; 15,35; 16,19; 17,25; 18,18.19; 23,9.35; 24,30.35; 25,18.25; 27,45.51; 28,18
Mk 2,10; 4,1.5.8.20.26.28.31; 6,47.53; 8,6; 9,3.20; 13,27.31; 14,35; 15,33
Lk 2,14; 4,25; 5,3.11.24; 6,49; 8,8.15.27; 10,21; 11,2.31; 12,49.51.56; 13,7; 14,35; 16,17; 18,8; 21,23.25.33.35; 22,44; 23,44; 24,5

erfahren → erkennen

erfüllen *(pläroo)*
Mt 1,22; 2,15.17.23; 3,15; 4,14; 5,17; 8,17; 12,17; 13,35.48; 21,4; 23,32; 26.54.56; 27,9
Mk 1,15; 14,49; 15,28
Lk 1,20; 2,40; 3,5; 4,21; 7,1; 9,31; 21,24; 22,16; 24,44

erfüllen, voll sein *(pimplämi)*
Mt 22,10; 27,48
Lk 1,15.23.41.57.67; 2,6.21.22; 4,28; 5,7.26; 6,11; 21,22

ergreifen
Mt 9,25; 12,11; 14,3; 18,28; 21,46; 22,6; 26,4.48.50.55.57; 28.9
Mk 1,31; 3,21; 5,41; 6,17; 7,3.4.8; 9,10.27; 12,12 14,1.44.46.49.51
Lk 8,54; (24,16)

erheben
- *Mt* 17,8
- *Lk* 6,20; 11,27; 16,23; 18,13; 21,28; 24,50

erhöhen
- *Mt* 11,23; 23,12;
- *Lk* 1,52; 10,15; 14,11; 18,14

erkennen, bemerken *(epiginosko)*
- *Mt* 7,16.20; 11,27; 14,35; 17,12
- *Mk* 2,8; 5,30; 6,33.54
- *Lk* 1,4.22; 5,22; 7,37; 23,7; 24,16.31

erkennen, erfahren *(ginosko)*
- *Mt* 1,25; 6,3; 7,23; 9,30; 10,26; 12,7.15.33; 13,11; 16,3.8; 21,45; 22,18; 24,32.33.39.43.50; 25,24; 26,10
- *Mk* 4,11.13; 5,29.43; 6,33.38; 7,24; 8,17; 9,30; 12,12; 13,28.29; 15,10.45
- *Lk* 1,18.34; 2,43; 6,44; 7,39; 8,10.17.46; 9,11; 10,11.22; 12,2.39.46.47.48; 16.4.15; 18,34; 19,15.42.44; 20,19; 21,20.30.31; 24,18.35

erlaubt, es ist
- *Mt* 12,2.4.10.12; 14,4; 15,26; 19,3; 20,15.17; 27,6
- *Mk* 2,24.26; 3,4; 6,18; 10,2; 12,14
- *Lk* 6,2.4.9; 14,3; 20,22

(er)nähren
- *Mt* 6,26; 25,37
- *Lk* 4,16; 12,24; 23,29

erniedrigen
- *Mt* 18,4; 23,12;
- *Lk* 3,5; 14,11; 18,14

Ernte
- *Mt* 9,37.38; 13,30.39
- *Mk* 4,29
- *Lk* 10,2

ernten
- *Mt* 6,26; 15,24.26
- *Lk* 12,24; 19,21.22

erretten
- *Mt* 6,13; 27,43
- *Lk* 1,74

erschaudern *(ekthambeo)*
- *Mk* 9,15; 14,33; 16,5.6

erschaudern *(thambeo)*
- *Mk* 1,27; 10,24.32

erscheinen, auffallen^{+} *(phaino)*
- *Mt* 1,20; 2,7.13.19; 6,5^{+}.16^{+}.18^{+}; 9,33; 13,26; 23,27.28; 24,27.30
- *Mk* 14,64; 16,9
- *Lk* 9,8; 24,11

erschrecken
- *Mt* 2,3; 14,26
- *Mk* 6,50
- *Lk* 1,12; 24,38

erschüttern → schütteln

erster
- *Mt* 5,24; 6,33; 7,5; 8,21; 10,2; 12,29.45; 13,30; 17,10.27; 19,30; 20,8.10.16.27; 21,28.31.36; 22,25.38; 23,26; 26,17; 27,64
- *Mk* 3,27; 4,28; 6,21; 7,27; 9,11.12.35; 10,31.44; 12,20.28.29; 13,10; 14,12; 16,9
- *Lk* 2,2; 6,42; 9,59.61; 10,5; 11,26.38; 12,1; 13,30; 14,18.28.31; 15,22; 16,5; 17,25; 19,16.47; 20,29; 21,9

erstreben → fordern

erwägen
- *Mt* 1,20; 9,4

Erwägung
- *Mt* 9,4; 12,25

erwählen
- *Mk* 13,20
- *Lk* 6,13; 9,35; 10,42; 14,7

erwählt
- *Mt* 20,16; 22,14; 24,22.24.31
- *Mk* 13,20.22.27
- *Lk* 18,7; 23,35

erwarten *(prosdechomai)*
- *Mk* 15,43
- *Lk* 2,25.38; 12,36; 23,51

erwarten *(prosdokao)*
- *Mt* 11,3; 24,50
- *Lk* 1,21; 3,15; 7,19.20; 8,40; 12,46

erwerben
- *Mt* 10,9
- *Lk* 18,12; 22,19

erzählen
- *Mk* 5,16; 9,9
- *Lk* 8,39; 9,10

(es) muß *(dei)*
- *Mt* 16,21; 17,10; 18,33; 23,23; 24,6; 25,27; 26,35.54
- *Mk* 8,31; 9,11; 13,7.10.14; 14,31
- *Lk* 2,49; 4,43; 9,22; 11,42; 12,12; 13,14.16.33; 15,32; 17,25; 18,1; 19,5; 21,9; 22,7.37; 24,7.26.44.46

essen
- *Mt* 6,25.31; 9,11; 11,18.19; 12,1.4; 14,16.20.21; 15,2.20.27.32.37.38; 24,49; 25,35.42; 26,17.21.26
- *Mk* 1,6; 2,16.26; 3,20; 5,43; 6,31.36.37.42.44; 7,2.3.4.5.28; 8,1.2.8.9; 11,14; 14,12.14.18.22
- *Lk* 4,2; 5,30.33; 6,1.4; 7,33.34.36; 8,55; 9,13.17; 10,7.8; 12,19.22.29.45; 13,26; 14,1.15; 15,16.23; 17,8.27.28; 22,8.11.16.30; 24,43

Evangelium
- *Mt* 4,23; 9,35; 24,14; 26,13
- *Mk* 1,1.14.15; 8,35; 10,29; 13,10; 14,9; 16,15

ewig
- *Mt* 18,8; 19,16.29; 25,41.46
- *Mk* 3,29; 10,17.30; 16,16
- *Lk* 10,25; 16,9; 18,18.30

Ewigkeit
- *Mt* 6,13; 21,19
- *Mk* 3,29; 11,14
- *Lk* 1,33.55.70

F

fallen, nieder-
- *Mt* 2,11; 4,9; 7,25.27; 10,29; 13,4.5.7.8; 15,14.27; 17,6.15; 18,26.29; 21,44; 24,29; 26,39
- *Mk* 4,4.5.7.8; 5,22; 9,20; 13,25; 14,35;
- *Lk* 5,12; 8,5.7.8.14.41; 10,18; 11,17; 13,4; 14,5; 15,17.21; 17,16; 20,18; 21,24; 23,30

Falschprophet
- *Mt* 7,15; 24,11.24
- *Mk* 13,22
- *Lk* 6,26

Falschzeuge
- *Mt* 26,60

falsch zeugen
- *Mt* 19,18
- *Mk* 10,19; 14,56.57
- *Lk* 15,19

Falschzeugnis
- *Mt* 15,19; 26,59

Fasten
- *Mt* 17,21
- *Lk* 2,37

fasten
- *Mt* 4,2; 6,16.17.18; 9,14.15
- *Mk* 2,18.19.20
- *Lk* 5,33.34.35; 18,12

faul
- *Mt* 7,17.18; 12,33; 13,48
- *Lk* 6,43

feiern
- *Lk* 12,19; 15,23.24.29.32; 16,19

Feigenbaum
- *Mt* 21,19.20.21; 24,32
- *Mk* 11,13.20.21; 13,28
- *Lk* 13,6.7; 21,29

Feind
- *Mt* 5,43.44; 10,36; 13,25.28.39; 22,44
- *Mk* 12,36
- *Lk* 1,71.74; 6,27.35; 10,19; 19,27.43; 20,43

Feld → Acker

Fels
Mt 7,24.25; 16,18; 27,51.60
Mk 15,46
Lk 6,48; 8,6.13

Fest, Festversammlung⁺
Mt 26,5⁺; 27,15
Mk 14,2⁺; 15,6
Lk 2,41.42; 22,1; 23,17

Festhalten
Lk 4,42; 8,15; 14,9

Festigen, festmachen
Lk 9,51; 16,26; 22,32

Festversammlung → Fest

Feuer
Mt 3,10.11.12; 5,22; 7,19; 13,40.42.50; 17,15; 18,8.9; 25,41
Mk 9,22.43.48.49
Lk 3,9.16.17; 9,54; 12,49; 17,29; 22,55

Finden
Mt 1,18; 2,8.11; 7,7.8.14; 8,10; 10,39; 11,29; 12,43.44; 13,44.46; 16,25; 17,27; 18,13.28; 20,6; 21,2.19; 22,9.10; 24,46; 26,40.43.60; 27,32
Mk 1,37; 7,30; 11,2.4.13; 13,36; 14,16.37.40.55
Lk 1,30; 2,12.45.46; 4,17; 5,19; 6,7; 7,9.10; 8,35; 9,12.36; 11,9.10.24.25; 12,37.38.43; 13.6.7; 15,4.5.6.8.9.24.32; 17,18; 18,8; 19,30.32.48; 22,13.45; 23,2.4.14.22; 24,2.3.23.24.33

Finsternis
Mt 4,16; 6,23; 8,12; 10,27; 22,13; 25,30; 27,45
Mk 15,33
Lk 1,79; 11,35; 12,3; 22,53; 23,44

Fisch
Mt 7,10; 14,19; 15,36; 17,27
Mk 6,38.41.43
Lk 5,6.9; 9,13.16; 11,11; 24,42

Flehen, an-
Mt 9,38
Lk 5,12; 8,28.38; 9,38.40; 10,2; 21,36; 22,32

Fleisch
Mt 16,17; 19,5.6; 24,22; 26,41
Mk 10,8; 13,20; 14,38
Lk 3,6; 24,39

Fliehen
Mt 2,13; 3,7; 8,33; 10,23; 23,33; 24,16; 26,56
Mk 5,14; 13,14; 14,50.52; 16,8
Lk 3,7; 8,34; 21,21

Fluß
Mt 3,6; 7,25.27
Mk 1,5
Lk 6,48.49

Folgen → (nach)folgen

fordern → suchen

fordern, erstreben *(epizäteo)*
Mt 6,32; 12,39; 16,4
Mk 8,12
Lk 11,29; 12,30

fortfahren → hinzufügen

fortgehen
Mt 2,22; 4,24; 5,30; 8,18.19.21.31.32.33; 9,7; 10,5; 13,25.28.46; 14,15.16.25; 16,4.21; 18,30; 19,22; 20,5; 21,29.30; 22,5.22; 25,10.18.25.46; 26,36.42.44; 27,5.60; 28,8.10
Mk 1,20.35.42; 3,13; 5,17.20.24; 6,27.32.36.37.46; 7,24.30; 8,13; 9,43; 10,22; 11,4; 12,12; 14,10.12.39; 16,13
Lk 1,23.38; 2,15; 5,13.14.25; 7,24; 8,31.34.37.39; 9,12.57.59.60; 10,30; 17,23; 19,32; 22,4.13; 23,33; 24,12.24

fragen
Mt 12,10; 16,1; 17,10; 22,23.35.41.46; 27,11
Mk 5,9; 7,5.17; 8,5.23.27.29; 9,11.16.21.28.32.33; 10,2.10.17; 11,29; 12,18.28.34; 13,3; 14,60.61; 15,2.4.44
Lk 2,46; 3,10.14; 6,9; 8,9.30; 9,18; 17,20; 18,18.40; 20,21.27.40; 21,7; 22,64; 23,3.6.9

fragen → bitten

Frau
Mt 1,20.24; 5,28.31.52; 9,20.22; 11,11; 13,33; 14,3.21; 15,22.28.38; 18,25; 19,3.5.8.9.10.29; 22,24.25.27.28; 26,7.10; 27.19.55; 28,5
Mk 5,25.33; 6,17.17; 7,25.26; 10,2.7.11.12; 12,19.20.22.23; 14,3; 15,40
Lk 1,5.13.18.24.28.42; 2,5; 3,19; 4,26; 7,28.37.39.44.50; 8,2.3.43.47; 10,38; 11,27; 13,11.12.21; 14,20.26; 15,8; 16,18; 17,32; 18,29; 20,28.29.30.32.33.57; 23,27.49.55; 24,22.24

fremd
Mt 17,25.26
Lk 16,12

Freude
Mt 2,10; 13,20.44; 25,21.23; 28,8
Mk 4,16
Lk 1,14; 2,10; 8,13; 10,17; 15,7.10; 24,41.52

freuen, sich
Mt 2,10; 5,12; 18,13;
Mk 14,11
Lk 1,14; 6,23; 10,20; 13,17; 15,5.32; 19,6.37; 22,5; 23,8

Freund *(philos)*
Mt 11,19
Lk 7,6.34; 11,5.6.8; 12,4; 14,10.12; 15,6.9.29; 21,16; 23,12

Friede
Mt 10,13.34
Mk 5,34
Lk 1,79; 2,14.29; 7,50; 8,48; 10,5.6; 11,21; 12,51; 14,32; 19,38.42; 24,36

Frist → Zeit

frohbotschaften (= das Evangelium verkündigen: *euaggelizesthai*)
Mt 11,5
Lk 1,19; 2,10; 3,18; 4,18.43; 7,22; 8,1; 9,6; 16,16; 20,1

Frucht
Mt 3,8.10; 7,16.17.18.19.20; 12,33; 13,8.26; 21,19.34.41.43
Mk 4,7.8.29; 11,14; 12,2
Lk 1,42; 3,8.9; 6,43.44; 8,8; 12,17; 13,6.7.9; 20,10

Frucht bringen
Mt 13,23
Mk 4,20.28
Lk 8,15

früh
Mt 16,3; 20,1; 21,8
Mk 1,35; 11,20; 13,35; 15,1; 16,2.9

führen
Mt 10,18; 21,2.7
Mk 13,11
Lk 4,1.9.29.40; 10,34; 18,40; 19,27.30.35; 22,54; 23,1.32

fünf
Mt 14,17.19; 16,9; 25,2.15.16.20
Mk 6,38.41; 8,19
Lk 1,24; 9,13.16; 12,6.52; 14,19; 16,28; 19,18.19

fürchten
Mt 1,20; 2,22; 9,8; 10,26.28.31; 14,5.27.30; 17,6.7; 21,26.46; 25,25; 27,54; 28,5.10
Mk 4,41; 5,15.33.36; 6,20.50; 9,32; 11,18.32; 12,12; 16,8
Lk 1,13.30.50; 2,9.10; 5,10; 8,25.35.50; 9,34.45; 12,4.5.7.32; 18,2.4; 19,21; 20,19; 22,2; 23,40

für sich *(kat'idian)*
Mt 14,13.23; 17,1.19; 20,17; 24,3
Mk 4,34; 6,31.32; 7,33; 9,2.28; 13,3
Lk 9,10; 10,23

Fürst → Vorsteher

Fundament
Lk 6,48.49; 14,29

Furcht
Mt 14,26; 28,4.8
Mk 4,41
Lk 1,12.65; 2,9; 5,26; 7,16; 8,37; 21,26

Fuß
Mt 4,6; 5,35; 7,6; 10,14; 15,30; 18,8; 22,13.44; 28,9
Mk 5,22; 6,11; 7,25; 9,45; 12,36
Lk 1,79; 4,11; 7,38.44.45.46; 8,35.41; 9,5; 10,11.39; 15,22; 17,16; 20,43; 24,39.40

G

Gabe (Opfer-)
Mt 2,11; 5,23.24; 8,4; 15,5; 23,18.19
Mk 7,11
Lk 21,1.4

Galiläa
Mt 2,22; 3,13; 4,12.15.18.23.25; 15,29; 17,22; 19,1; 21,11; 26,32; 27,55; 28,7.10.16
Mk 1,9.14.16.28.39; 3,7; 6,21; 7,31; 9,30; 14,28; 15,41; 16,7
Lk 1,26; 2,4.39; 3,1; 4,14.31.44; 5,17; 8,26; 17,11; 23,5.6.49.55; 24,6

Galiläer
Mt 26,69
Mk 14,70
Lk 13,1.2; 22,59; 23,6

ganz *(hapas)* → alles

ganz *(holos)*
Mt 1,22; 4,23.24; 5,29.30; 6,22.23; 9,26.31; 13,33; 14,35; 16,26; 20,6; 22,37.40; 24,14; 26,13.56.59; 27,27
Mk 1,28.33.39; 6,55; 8,36; 12,30.33.44; 14,9.55; 15,1.16.33
Lk 1,65; 4,14; 5,5; 7,17; 8,39.43; 9,25; 10,27; 11,34.36; 13,21; 23,5.44

Gastmahl
Mt 23,6
Mk 6,21; 12,39
Lk 14,12.16.17.24; 20,46

geben
Mt 4,9; 5,31.42; 6,11; 7,6.7.11; 9,8; 10,1.8.19; 12,39; 13,8.11.12; 14,7.8.9.11.16.19; 15,36; 16,4.19.26; 17,27; 19,7.11.21; 20.4.14.23.28; 21,23.43; 22,17; 24,24.29.45; 25,8.15.28.29.35.42; 26,9.15.26.27.48; 27,10.34; 28,12.18
Mk 2,26; 3,6; 4,7.8.11.25; 5,43; 6,2.7.22.23.25.28.37.41; 8,6.12.37; 10,21.37.40.45; 11,28; 12,9.14; 13,11.22.24.34; 14,5.11.22.23.44; 15,23
Lk 1,32.73.77; 2,24; 4,6; 6,4.30.38; 7,15.44.45; 8,10.18.55; 9,1.13.16; 10,19.35; 11,3.7.8.9.13.29.41; 12,32.33.42.48.51.58; 14,9; 15,12.16.22.29; 16,12; 17,18; 18,43; 19,8.13.15.23.24.26; 20,2.10.16.22; 21,15; 22,5.19; 23,2

Gebet
Mt 17,21; 21,13.22
Mk 9,29; 11,17
Lk 6,12; 19,46; 22,45

Gebiet
Mt 2,16; 4,13; 8,34; 15,22.39; 19,1
Mk 5,17; 7,24.31; 10,1

gebieten *(entellomai)*
Mt 4,6; 15,4; 17,9; 19,7; 28,20
Mk 10,3; 13,34
Lk 4,10

gebieten *(epitasso)*
Mk 1,27; 6,27.39; 9,25
Lk 4,36; 8,25.31; 14,22

Gebot
Mt 5,19; 15,3.6; 19,17; 22,36.38.40
Mk 7,8.9; 10,5.19; 12,28.29.30.31
Lk 1,6; 15,29; 18,20; 23,56

Gebrechen
Mt 4,23; 9,35; 10,1

Gegenseite → jenseits

Gefängnis
Mt 5,25; 14,3.10; 18,30; 25,36.39.43.44
Mk 6,17.27
Lk 3,20; 12,58; 21,12; 22,33; 23,19.25

Gegner (Prozeß-)
Mt 5,25
Lk 12,58; 18,3

Gehör, Gerücht+
Mt 4,24+; 13,14; 14,1+; 24,6+
Mk 1,28+; 7,35; 13,7+
Lk 7,1

gehorchen
Mt 8,27
Mk 1,27; 4,41
Lk 8,25; 17,6

geißeln *(mastigoo)*
Mt 10,17; 20,19; 23,34
Mk 10,34
Lk 18,33

Geist
Mt 1,18.20; 3,11.16; 4,1; 5,3; 8,16; 10,1.20; 12,18.28.31.32.43.45; 22,43; 26,41; 27,50; 28,19
Mk 1,8.10.12.23.26.27; 2,8; 3,11.29.30; 5,2.8.13; 6,7; 7,25; 8,12; 9,17.20.25; 9,25; 12,36; 13,11; 14,38
Lk 1,15.17.35.41.67.80; 2,25.26.27; 3,16.22; 4,1.14.18.33; 6,18; 7,21; 8,2.29.55; 9,39.42; 10,20.21; 11,13.24.26; 12,10.12; 13,11; 23,46; 24,37.39

gelähmt
Mt 4,24; 8,6; 9,2.6
Mk 2,3.4.5.9.10

geliebt
Mt 3,17; 12,18; 17,5
Mk 1,11; 9,7; 12,6
Lk 3,22; 9,35; 20,13

gerecht
Mt 1,19; 5,45; 9,13; 10,41; 13,17.43.49; 20,4.7; 23,28.29.35; 25,37.46; 27,4.19.24
Mk 2,17; 6,20
Lk 1,6.17; 2,25; 5,32; 12,57; 14,14; 15,7; 18,9; 20,20; 23,47.50

Gerechtigkeit
Mt 3,15; 5,6.10.20; 6,1.33; 21,32
Lk 1,75

Gericht → Synedrion

geringster
Mt 2,6; 5,19; 25,40.45
Lk 12,26; 16,10; 19,17

Gerücht → Gehör

Gesandtschaft
Lk 14,32; 19,14

Geschlecht
Mt 1,17; 11,16; 12,39.41.42.45; 16,4; 17,17; 23,36; 24,34
Mk 8,12.38; 9,19; 13,30
Lk 1,48.50; 7,31; 9,41; 11,29.30.31.32.50.51; 16,8; 17,25; 21,32

Gesetz
Mt 5,17.18; 7,12; 11,13; 12,5; 22,36.40; 23,23
Lk 2,22.23.24.27.39; 10,26; 16,16.17; 24,44

Gesetzeslehrer
Mt 22,35
Lk 5,17; 7,30; 10,25; 11,45.46.52; 14,3

Gesetzlosigkeit
Mt 7,23; 13,41; 23,28; 24,12

Gesicht → Angesicht

gestatten
Mt 8,21.31; 19,8
Mk 5,13; 10,4
Lk 8,32; 9,59.61

gesund *(hygiäs)*
Mt 12,13; 15,31
Mk 5,34

gesund machen *(iaomai)*
Mt 8,8.13; 13,15; 15,28
Mk 5,29
Lk 5,17; 6,18.19; 7,7; 8,47; 9,2.11.42; 14,4; 17,15; 22,51

gesund (sein) *(hygiaino)*
Lk 5,31; 7,10; 15,27

gewahren → schauen

Gewand *(chiton)*
Mt 5,40; 10,10
Mk 6,9; 14,63
Lk 3,11; 6,29; 9,3

Gewand, Kleidung *(endyma)*
Mt 3,4; 6,25.28; 7,15; 22,11.12; 28,3
Lk 12,23

Gewand, langes *(stolä)*
Mk 12,38; 16,5
Lk 15,22; 20,46

gewinnen
Mt 16,26; 18,15; 25,16.17.20.22
Mk 8,36
Lk 9,25

Glaube
Mt 8,10; 9,2.22.29; 15,28; 17,20; 21,21; 23,23
Mk 2,5; 4,40; 5,34; 10,52; 11,22
Lk 5,20; 7,9.50; 8,25.48; 17,5.6.19; 18,8.42; 22,32

glauben
Mt 8,13; 9,28; 18,6; 21,22.25.32; 24,23.26; 27,42
Mk 1,15; 5,36; 9,23.24.42; 11,23.24.31; 13,21; 15,32; 16,13.14.16.17
Lk 1,20.45; 8,12.13.50; 16,11; 20,5; 22,67; 24,25

glauben, nicht
Mk 16,11.16
Lk 24,11.41

gleich *(euthys)*
Mt 3,16; 13,20.21; 14,27; 21,3;
Mk 1,10.12.18.20.21.23.28.29.30.31.42.42.43; 2,8.12; 3,6; 4,5.15.16.17.29; 5,2.29.30,42; 6,25.27.45; 6,50.54; 7,25; 8,10; 9,15.20.24; 10,52; 11,2.3; 14,43.45.72; 15,1
Lk 6,49

gleich *(homoios)*
Mt 11,16; 13,31.33.44.45.47.52; 20,1; 22,39
Lk 6,47.48.49; 7,31.32; 12,36; 13,18.19.21

gleicherweise → desgleichen

Gleichnis
Mt 13,3.10.13.18.24.31.33.34.35.36.53; 15,15; 21,33.45; 22,1; 24,32
Mk 3,23; 4,2.10.11.13.30.33.34; 7,17; 12,1.12; 13,28
Lk 4,23; 5,36; 6,39; 8,4.9.10.11; 12,16.41; 13,6; 14,7; 15,3; 18.1.9; 19,11; 20,9.19; 21,29

Gnade, Dank+
Lk 1,30; 2,40.52; 4,42; 6,32+.33+.34+; 17,9+

Gold
Mt 2,11; 10,9; 23,16.17

Gott
Mt 1,23; 3,9.16; 4,3.4.6.7.10; 5,8.9.34; 6,24.30.33; 8,29; 9,8; 12,4.28; 14,33; 15,3.4.6.31; 16,16.23; 19,6.24.26; 21,31.43; 22,16.21.29.31.32.37; 23,22; 26,61.63; 27,40.43.46.54
Mk 1,1.14.15.24; 2,7.12.26; 3,11.35; 4,11.26.30; 5,7; 7,8.9.13; 8,33; 9,1.47; 10,9.14.15.18.23.24.25.27; 11,22; 12,14.17.24.26.27.29.30.34; 13,19; 14,25; 15,34.39.43; 16,19
Lk 1,6.8.16.19.26.30.32.35.37.47.64.68.78; 2,13.14.20.28.38.40.52; 3,2.6.8.38; 4,3.8.9.12.34.41.43; 5,1.21.25.26; 6,4.12.20; 7,16.28.29.30; 8,1.10.11.21.28.39; 9,2.11.20.27.43.60.62; 10,9.11.27; 11,20.28.42.49; 12,6.8.9.20.21.24.28; 13,13.18.20.28.29; 14,15; 15,10; 16,13.15.16; 17,15.18.20.21; 18,2.4.7.11.13.16.17.19.24.25.27.29.43; 19,11; 20,21.25.36.37.38; 21,31; 22,16.18.69.70; 23,35.40.47.51; 24,19.53

Gottesreich → Reich

Grab *(taphos)*
Mt 23,27.29; 27,61.64.66; 28,1

Graben
Lk 6,48; 13,8; 16,3

Grabkammer *(mnäma)*
Mk 5,3.5
Lk 8,27; 23,53; 14,1

Grabstätte *(mnämeion)*
Mt 8,28; 23,29; 27,52.53.60; 28,8
Mk 5,2; 6,29; 15,46; 16,2.3.5.8
Lk 11,44.47; 23,55; 24,2.9.12.22.24

Gras, Halm
Mt 6,30; 13,26; 14,19
Mk 4,28; 6,39
Lk 12,28

Grundlegung
Mt 13,35; 25,34
Lk 11,50

Gruß, Begrüßung+
Mt 23,7+
Mk 12,38+
Lk 1,29.41.44; 11,43+; 20,46+

grüßen, be-
Mt 5,47; 10,12
Mk 9,15; 15,18
Lk 1,40; 10,4

gürten
Lk 12,35.37; 17,8

gut *(agathos)*
Mt 5,45; 7,11.17.18; 12,34.35; 19,16.17; 20,15; 22,10; 25,21.23
Mk 3,4; 10,17.18
Lk 1,53; 6,45; 8,8.15; 10,42; 11,13; 12,18.19; 16,25; 18,18.19; 19,17; 23,50

gut, edel *(kalos)*
Mt 3,10; 5,16; 7,17.18.19; 12,33; 13,8.23.24.27.37.38.45.48; 15,26; 17,4; 18,8.9; 26,10.24
Mk 4,8.20; 7,27; 9,5.42.43.45.47.50; 14,6.21
Lk 3,9; 6,38.43; 8,15; 9,33; 14,34; 21,5

gut → trefflich

Gutes tun
Mk 3,4
Lk 6,9.33.35

H

Haar
Mt 3,4; 5,36; 10,30
Mk 1,6
Lk 7,38.44; 12,7; 21,18

Habe
Mt 19,21; 24,47; 25,14
Lk 8,3; 11,21; 12,15.33.44; 14,33; 16,1; 19,8

Hades
Mt 11,23; 16,18
Lk 10,15; 16,23

Halm → Gras

Hand
Mt 3,12; 4,6; 5,30; 8,3.15; 9,18.25; 12,10.13.49; 14,31; 15,2.20; 17,22; 18,8; 19,13.15; 22,13; 26,23.45.50.51; 27.24
Mk 1,31.41; 3,1.3.5; 5,23.41; 6,2.5; 7,2.3.5.32; 8,23.25; 9,27.31.43; 10,16; 14,41.46; 16,18
Lk 1,66.71.74; 3,17; 4,11.40; 5,13; 6,1.6.8.10; 8,54; 9,44.62; 13,13; 15,22; 20,19; 21,12; 22,21.53; 23,46; 24,7.39.40.50

Hartherzigkeit
Mt 19,8;
Mk 10,5; 16,14

hassen
Mt 5,43; 6,24; 10,22; 24,9.10
Mk 13,13
Lk 1,71; 6,22.27; 14,26; 16,13; 19,14; 21,17

Haupt, Kopf
Mt 5,36; 6,17; 8,20; 10,30; 14,8.11; 21,42; 26,7; 27,29.30.37.39
Mk 6,24.25.27.28; 12,10; 14,3; 15,19.29
Lk 7,38.46; 9,58; 12,7; 20,17; 21,18.28

Hauptmann
Mt 8,5.8.13; 27,54
Lk 7,2.6; 23,47

Hauptmann (Centurio)
Mk 15,39.44.45

Haus *(oikia)*
Mt 2,11; 5,15; 7,25.26.27; 8,6.14; 9,10.23.28; 10,12.13.14; 12,25.29; 13,1.36.57; 17,25; 19,29; 23,14; 24,17.43; 26,6
Mk 1,29; 2,15; 3,25.27; 6,4.10; 7,24; 9,33; 10,10.29.30; 12,40; 13,15.34.35; 14,3

Lk 4,38; 5,29; 6,48.49; 7,6.37.44; 8,27.51; 9,4; 10,5.7; 15,8.25; 17,31; 18,29; 20,47; 22,10.11.54

Haus *(oikos)*
Mt 9,6.7; 10,6; 11,8; 12,4.44; 15,24; 21,13; 23,38
Mk 2,1.11.26; 3,20; 5,19.38; 7,17.30; 8,3.26; 9,28; 11,17
Lk 1,23.27.33.40.56.69; 2,4; 5,24.25; 6,4; 7,10.36; 8,39.41; 9,61; 10,5; 11,17.24.51; 12,39.52; 13,35; 14,1.23; 15,6; 16,4.27; 18,14; 19,5.9.46

Hausherr
Mt 10,25; 13,27.52; 20,1.11; 21,33; 24,43
Mk 14,14
Lk 12,39; 13,25; 14,21; 22,11

Heiden → Volk *(ethnos)*

Heil
Lk 2,30; 3,6

heilen
Mt 4,23.24; 8,7.16; 9,35; 10,1.8; 12,10.15.22; 14,14; 15,30; 17,16.18; 19,2; 21,14
Mk 1,34; 3,2.10.15; 6,5.13
Lk 4,23.40; 5,15; 6,7.18; 7,21; 8,2.43; 9,1.6; 10,9; 13,14; 14,3

heilig
Mt 1,18.20; 3,11; 4,5; 7,6; 12,32; 24,15; 25,31; 27,52.53; 28,19
Mk 1,8.24; 3,29; 6,20; 8,38; 12,36; 13,11
Lk 1,15.35.41.49.67.70.72; 2,23.25.26; 3,16.22; 4,1.34; 9,26; 11,13; 12,10.12

heiligen
Mt 6,9; 23,17.19
Lk 11,2

Heiligtum
Mt 23,16.17.21.35; 26,61; 27,5.40.51
Mk 14,58; 15,29.38
Lk 1,9.21.22; 23,45

heiraten
Mt 5,32; 19,9.10; 22,25.30; 24,38
Mk 6,17; 10,11.12; 12,25
Lk 14,20; 16,18; 17,27; 20,34.35

Hemd → Kleid

her-, hinaufsteigen
Mt 3,16; 5,1; 13,7; 14,23.32; 15,29; 17,27; 20,17.18
Mk 1,10; 3,13; 4,7.8.32; 6,51; 10,32.33; 15,8
Lk 2,4.42; 5,19; 9,28; 18,10.31; 19,4.28; 24,38

herabkommen → herabsteigen

herabsteigen, -kommen
Mt 3,16; 7,25.27; 8,1; 11,23; 14,29; 17,9; 24,17; 27,40.42; 28,2
Mk 1,10; 3,22; 9,9; 13,15; 15,30.32
Lk 2,51; 3,22; 6,17; 8,23; 9,54; 10,15.30.31; 17,31; 18,14; 19,5.6; 22,24

herbeibringen, opfern⁺
Mt 2,11; 4,24; 5,23⁺.24⁺; 8,4⁺.16; 9,2.32; 12,22; 14,35; 17,16; 18,24; 19,13; 22,19; 25,20;
Mk 1,44⁺; 2,4; 10,13
Lk 5,14⁺; 18,15; 23,14.36

herbeirufen
Mt 10,1; 15,10.32; 18,2.32; 20,25
Mk 3,13.23; 6,7; 7,14; 8,1.34; 10,42; 12,43; 15,44
Lk 7,18; 15,26; 16,5; 18,16

Herde
Mt 8,30.31.32
Mk 5,11.13
Lk 8,32.33

hernach
Mt 4,2; 21,29.32.37; 22,27; 25,11; 26,60
Mk 16,14
Lk 20,32

Herodes (der Große, Antipas⁺)
Mt 2,1.3.7.12.13.15.16.19.22; 14,1⁺.3⁺.6⁺
Mk 6,14⁺.16⁺.17⁺.18⁺.20⁺.21⁺.22⁺; 8,15⁺
Lk 1,5; 3,1⁺.19⁺; 8,3⁺; 9,7⁺.9⁺; 13,31⁺; 23,7⁺.8⁺.11⁺.12⁺.15⁺

Herodianer
Mt 22,16
Mk 3,6; 12,13

Herr
Mt 1,20.22.24; 2,13.15.19; 3,3; 4,7.10; 5,33; 6,24; 7,21.22; 8,2.6.8.21.25; 9,28.38; 10,24.25; 11,25; 12,8; 13,27; 14,28.30; 15,22.25.27; 16,22; 17,4.15; 18,21.25.27.31.32.34; 20,8.30.31.33; 21,3.9.30.40.42; 22,37.43.44.45; 23,39; 24,42.45.46.48.50; 25,11.18.19.20.21.22.23.24.26.37.44; 26,22; 27,10.63; 28,2
Mk 1,3; 2,28; 5,19; 7,28; 11,3.9; 12,9.11.29.30.36.37; 13,20.35; 16,19.20
Lk 1,6.9.11.15.16.17.25.28.32.38.43.45.46.58.66. 68.76; 2,9.11.15.22.23.24.26.39; 3,4; 4,8.12.18.19; 5,8.12.17; 6,5.46; 7,6.13.19; 9,54.59.61; 10,1.2.17.21.27.39.40.41; 11,1.39; 12,36.37.41.42.43.45.46.47; 13,8.15.23.25.35; 14,21.22.23; 16,3.5.8.13; 18,6.41; 19,8.16.18.20.25.31.33.34.38; 20,13.15.37.42.44; 22,33.38.49.61; 24,3.34

Herrlichkeit
Mt 4,8; 6,13.29; 16,27; 19,28; 24,30; 25,31
Mk 8,38; 10,37; 13,26
Lk 2,9.14.32; 4,6; 9,26.31.32; 12,27; 14,10; 17,18; 19,38; 21,27; 24,26

Herz
Mt 5,8.28; 6,21; 9,4; 11,29; 12,34.35.40; 13,15.19; 15,8.18.19; 18,35; 22,37; 24,48
Mk 2,6.8; 3,5; 4,15; 6,52; 7,6.19.21; 8,17; 11,23; 12,30.33
Lk 1,17.51.66; 2,19.35.51; 3,15; 4,18; 5,22; 6,45; 8,12.15; 9,47; 10,27; 12,34.45; 16,15; 21,14.34; 24,25.32.38

herzutreten *(ephistamai)*
Lk 2,9.38; 4,39; 10,40; 20,1; 21,34; 24,4

Heuchler
Mt 6,2.5.16; 7,5; 15,7; 22,18; 23,13.14.15.23.25.27.29; 24,51
Mk 7,6
Lk 6,42; 12,56; 13,15

Heulen
Mt 2,18; 8,12; 13,42.50; 22,13; 24,51; 25,30

heute
Mt 6,11.30; 11,23; 16,3; 21,28; 27,8.19; 28,5
Mk 14,30
Lk 2,11; 4,21; 5,26; 12,28; 13,32.33; 19,5.9; 22,34.61; 23,43

hier
Mt 8,29; 12,6.41.42; 14,8.17.18; 16,28; 17,4.17; 20,6; 22,12; 24,2.23; 26,38; 28,6
Mk 6,3; 8,4; 9,1.5; 11,3; 13,2.21; 14,32.34; 16,6
Lk 4,23; 9,12.33.41; 11,31.32; 14,21; 15,17; 16,25; 17,21.23; 19,27; 22,38; 23,5

Himmel
Mt 3,2.16.17; 4,17; 5,3.10.12.18.19.20.34.45; 6,1.9.10.26; 7,11.21; 8,11.20; 10,7.32.33; 11,11.12.23.25; 12,50; 13,11.24.31.32.33.44.45.47.52; 14,19; 16,1.2.3.17.19; 18,1.3.4.10.14.18.19.23; 19,12.14.21.23; 20,1; 21,25; 22,2.30; 23,13.22; 24,29.30.31.35.36; 25,1; 26,64; 28,2.18
Mk 1,10.11; 4,32; 6,41; 7,34; 8,11; 10,21; 11,25.26.30.31; 12,25; 13,25.27.31.32; 14,62; 16,19
Lk 2,15; 3,21.22; 4,25; 6,23; 8,5; 9,16.54.58; 10,15.18.20.21; 11,13.16; 12,33.56; 13,19; 15,7.18.21; 16,17; 17,24.29; 18,13.22; 19,38; 20,4.5; 21,11.26.33; 22,43; 24,51

Himmelreich → Reich

himmlisch
Mt 5,48; 6,14.26.32; 15,13; 18,35; 23,9
Lk 2,13

hinaufsteigen → heraufsteigen

hinausführen
Mk 8,23; 15,20
Lk 24,50

hinausgehen, herauskommen
→ auch: ausfahren
Mt 2,6; 5,26; 8,28.32.34; 9,26.31.32; 10,11.14; 17,7.8.9; 12,14.43.44; 13,1.3.49; 14,14; 15,18.19.21.22; 17,18; 18,28; 20,1.3.5.6; 21,17; 22,10; 24,1.26.27; 25,1.6; 26,30.55.71.75; 27,32.49.53; 28,8
Mk 1,25.26.28.29.35.38.45; 2,12.13; 3,6.21; 4,3; 5,2.8.13.14.30; 6,1.10.12.24.34.54; 7,29.30.31; 8,11.27; 9,25.26.29.30; 11,11.12; 14,16.26.48.68; 16,8.20

Lk 1,22; 2,1; 4,14.35.36.41.42; 5,8.27; 6,12.19; 7,17.24.25.26; 8,2.5.27.29.33.35.38.46; 9,4.5.6; 10,10.35; 11,14.24.53; 12,59; 13,31; 14,18.21.23; 15,28; 17,29; 21,37; 22,39.52.62

hinausziehen, -kommen

Mt 3,5; 4,4; 15,11.18; 17,21; 20,29
Mk 1,5; 6,11; 7,15.19.20.21.23; 10,17.46; 11,19; 13,1
Lk 3,7; 4,22.37

hineinbringen

Mt 6,13
Lk 8,15.19; 11,4; 12,11

hineinziehen, -kommen

Mt 15,17
Mk 1,21; 4,19; 5,40; 6,56; 7,15.18.19; 11,2
Lk 8,16; 11,33; 18,24; 19,30; 22,10

hindern

Mt 19,14
Mk 9,38.39; 10,14
Lk 6,29; 9,49.50; 11,52; 18,16; 23,2

hingehen

Mt 4,10; 5,24.41; 8,4.13.32; 9,6; 13,44; 16,23; 18,15; 19,21; 20,4.7.14; 21,18; 26,18.24; 27,65; 28,10
Mk 1,44; 2,11; 5,19.34; 6,31.33.38; 7,29; 8,33; 10,21.52; 11,2; 14,13.21; 16,7
Lk 8,42; 10,3; 12,58; 17,14; 19,30

hinter, mir nach

Mt 3,11; 4,19; 10,38; 16,23.24; 24,18
Mk 1,7.17.20; 8,33.34; 13,16
Lk 7,38; 9,23.62; 14,27; 17,31; 19,14; 21,8

hinziehen → ziehen

hinzufügen, fortfahren

Mt 6,27.33
Mk 4,24
Lk 3,20; 12,25.31; 17,5; 19,11; 20,11^{+}.12^{+}

hinzu(herzu)kommen, -treten

Mt 4,3.11; 5,1; 8,2.5.19.25; 9,14.20.28; 13,10.27.36; 14,12.15; 15,1.12.23.30; 16,1; 17,7.14.19.24; 18,1.21; 19,3.16; 20,20; 21,14.23.28.30; 22,23; 24,1.3; 25.20.22.24; 26,7.17.49.50.60.69.73; 27,58; 28,2.9.18
Mk 1,31; 6,35; 10,2; 12,28; 14,45
Lk 7,14; 8,24.44; 9,12.42; 10,34; 13,31; 20,27; 23,36.52

hinzu(herzu)treten → hinzukommen

Hirt

Mt 9,36; 25,32; 26,31
Mk 6,34; 14,27
Lk 2,8.15.18.20

Hochzeit

Mt 22,2.3.4.8.9.10.11.12; 25,10
Lk 12,36; 14,8

höchster

Mt 21,9
Mk 5,7; 11,10
Lk 1,32.35.76; 2,14; 6,35; 8,28; 19,38

Höhe

Lk 1,78; 24,49

hören

Mt 2,3.9.18.22; 4,12; 5,21.27.33.38.43; 7,24.26; 8,10; 9,12; 10,14.27; 11,2.4.5.15; 12,19.24.42; 13,9.13.14.15.16.17.18.19.20.22.23.43; 14,1.13; 15,10.12; 17,5.6; 18,15.16; 19,22.25; 20,24.30; 21,16.33.45; 22,7.22.33.34; 24,6; 26,65; 27,13; 27,47; 28,14
Mk 2,1.17; 3,8.21; 4,3.9.12.15.16.18.20.23.24.33; 5,27.36; 6,2.11.14.16.20.29.55; 7,14.16.25.37; 8,18; 9,7; 10,41.47; 11,14.18; 12,28.29.37; 13,7; 14,11.58.64; 15,35; 16,11
Lk 1,41.58.66; 2,18.20.46.47; 4,23.28; 5,1.15; 6,18.27.47.49; 7,3.9.22.29; 8,8.10.12.13.14.15.18.21.50; 9,7.9.35; 10,16.24.39; 11,28.31; 12,3; 14,15.35; 15,1.25; 16,2.14.29.31; 18,6.22.23.26.36; 19,11.48; 20,16.45; 21,9.38; 22,71; 23,6.8

Hof → Acker

hoffen

Mt 12,21
Lk 6,34; 23,8; 24,21

Hoherpriester

Mt 2,4; 16,21; 20,18; 21,15.23.45; 26,3.14.47.51.57.58.59.62.63.65; 27,1.3.6.12.20.41.62; 28,11
Mk 2,26; 8,31; 10,33; 11,18.27; 14,1.10.43.47.53.54.55.60.61.63.66; 15,1.3.10.11.31
Lk 3,2; 9,22; 19,47; 20,1.19; 22,2.4.50.52.54.66; 23,4.10.13.23; 24,20

hüpfen

Lk 1,41.44; 6,23

hüten, sich

Mt 6,1; 7,15; 10,17; 16,6.11.12
Lk 12,1; 17,3; 20,46; 21,34

huldigen

Mt 2,2.8.11; 4,9.10; 8,2; 9,18; 14,33; 15,25; 18,26; 20,20; 28,9.17
Mk 5,6; 15,19
Lk 4,7.8; 24,52

hundert

Mt 13,8.23; 18,12.28
Mk 4,8.20; 6,40
Lk 15,4; 16,6.7;

hungern

Mt 4,2; 5,6; 12,1.3; 21,18; 25,35.37.42.44
Mk 2,25; 11,12
Lk 1,53; 4,2; 6,3.21.25

Hungersnot

Mt 24,7
Mk 13,8
Lk 4,25; 15,14.17; 21,11

I

irren, irreführen

Mt 18,12.13; 22,29; 24,4.5.11.24
Mk 12,24.27; 13,5.6
Lk 21,8

Israel

Mt 2,6.20.21; 8,10; 9,33; 10,6.23; 15,24.31; 19,28; 27,9.42
Mk 12,29; 15,32
Lk 1,16.54.68.80; 2,25.32.34; 4,25.27; 7,9; 22,30; 24,1

J

Jahr

Mt 9,20
Mk 5,25.42
Lk 2,36.37.41.42; 3,1.23; 4,25; 8,42.43; 12,19; 13,7.8.11.16; 15,29

Jakobus (Zebedaide)

Mt 4,21; 10,2; 17,1
Mk 1,19.29; 3,17; 5,37; 9,2; 10,35.41; 13,3; 14,33
Lk 5,10; 6,14; 8,51; 9,28.54

jedoch

Mt 11,22.24; 18,7; 26,39.64
Mk (12,32)
Lk 6,24.35; 10,11.14.20; 11,41; 12,31; 13,33; 17,1; 18,8; 19,27; 22,21.22.42; 23,28

jenseits, Gegenseite

Mt 4,15.25; 8,18.28; 14,22; 16,5; 19,1
Mk 3,8; 4,35; 5,1.21; 6,45; 8,13; 10,1
Lk 8,22

Jeremia

Mt 2,17; 16,14; 27,9

Jericho

Mt 20,29
Mk 10,46
Lk 10,30; 18,35; 19,1

Jerusalem

Mt 2,1.3; 3,5; 4,25; 5,35; 15,1; 16,21; 20,17.18; 21,1.10; 23,37

Mk 3,8.22; 7,1; 10,32.33; 11,1.11.15.27; 15,41
Lk 2.22.25.38.41.42.43.45; 4,9; 5,17; 6,17 9,31.51.59; 10,30; 13,4.22.33.34; 17,11; 18,31; 19.11.28; 21,20.24; 23,7.28; 24,13.18.33.47.49.52

Jesaja
Mt 3,3; 4,14; 8,17; 12,17; 13,14.35; 15,7
Mk 1,2; 7,6
Lk 3,4; 4,17

jetzt
Mt 24,21; 26,65; 27,42.43
Mk 10,30; 13,19; 15,32
Lk 1,48; 2,29; 5,10; 6,21.25; 11,39; 12,52; 16,25; 19,42; 22,18.36.69

Johannes (Täufer)
Mt 3,1.4.13.14; 14,12; 11,2.4.7.11.12.13.18; 4,2.3.4.8.10; 16,14; 17,13; 21,25.26.32
Mk 1,4.6.9.14; 6,14.16.17.18.20.24.25; 8,28; 11,30.32
Lk 1,13.60.63; 3,2.15.16.20; 7,18.20.22.24.28.29.33; 9,7.9.19; 11,1; 16,16; 20,4.6

Johannes (Zebedaide)
Mt 4,21; 10,2; 17,1
Mk 1,19.29; 3,17; 5,37; 9,2.38; 10,35.41; 13,3; 14,33
Lk 5,10; 6,14; 8,51; 9,49.54; 22,8

Jordan
Mt 3,5.6.13; 4,15.25; 19,1
Mk 1,5.9; 3,8; 10,1
Lk 3,3; 4,1

Jubel
Lk 1,14.44

jubeln
Mt 5,12
Lk 1,47; 10,21

Judäa
Mt 2,1.5.22; 3,1.5; 4,25; 19,1; 24,16
Mk 3,7; 10,1; 13,14
Lk 1,5.65; 2,4; 3,1; 4,44; 5,17; 6,17; 7,17; 21,21; 23,5

Judas (Iskariot)
Mt 10,4; 26,14.25.47; 27,3
Mk 3,19; 14,10.43
Lk 6,16; 22,47.48

Jude
Mt 2,2; 27,11.29.37; 28,15
Mk 1,5; 7,3; 15,2.9.12.18.26
Lk 7,3; 23,3.37.38.51

jung
Mt 9,17
Mk 2,22
Lk 5,37.38.39; 15,12.13; 22,26

Jünger
Mt 5,1; 8,21.23; 9,10.11.14.19.37; 10,1.24.25.42; 11,1.2; 12,1.2.49; 13,10.36; 14,12.15.19.22.26; 15,2.12.23.32.33.36; 16,5.13.20.21.24; 17,6.10.13.16.19; 18,1; 19,10.13.23.25; 20,17; 21,1.6.20; 22,16; 23,1; 24,1.3; 26,1.8.17.18.19.26.35.36.40.45.56; 27,64; 28,7.8.13.16
Mk 2,15.16.18.23; 3,7.9; 4,34; 5,31; 6,1.29.35.41.45; 7,2.5.17; 8,1.4.6.10.27.33.34; 9,14.18.28.31; 10,10.13.23.24.46; 11,1.14; 12,43; 13,1; 14,12.13.14.16.32; 16,7.
Lk 5,30.33; 6,1.13.17.20.40; 7,11.18; 8,2.22; 9,14.16.18.40.43.54; 10,23; 11,1; 12,1.22; 14,26.27.33; 16,1; 17,1.22; 18,15; 19,29.37.39; 20,45; 22,11.39.45

Jünger machen, werden
Mt 13,52; 27,57; 28,19

K

Kafarnaum
Mt 4,13; 8,5; 11,23; 17,24
Mk 1,21; 2,1; 9,33
Lk 4,23.31; 7,1; 10,15

Kaiser
Mt 22,17.21
Mk 12,14.16.17
Lk 7,1; 3,1; 20,22.24.25; 23,2

Kajafas
Mt 26,3.57
Lk 3,2

Kamel
Mt 3,4; 19,24; 23,24
Mk 1,6; 10,25
Lk 18,25

Kammer
Mt 6,6; 24,26
Lk 12,3.24

kaufen
Mt 13,44.46; 14,15; 21,12; 25,9.10; 27,7
Mk 6,36.37; 11,15; 15,46; 16,1
Lk 9,13; 14,18.19; 17,28; 19,45; 22,36

Kind *(paidion)*
Mt 2,8.9.11.13.14.20.21; 11,16; 14,21; 15,38; 18,2.3.4.5; 19,13.14
Mk 5,39.40.41; 7,28.30; 9,24.36.37; 10,13.14.15
Lk 1,59.66.76.80; 2,17.27.40; 7,32; 9,47.48; 11,7; 18,16.17

Kind *(teknon)*
Mt 2,18; 3,9; 7,11; 9,2; 10,21; 15,26; 18,25; 19,29; 21,28; 22,24; 23,37; 27,25
Mk 2,5; 7,27; 10,24.29.30; 12,19; 13,12
Lk 1,7.17; 2,48; 3,8; 7,35; 11,13; 13,34; 14,26; 15,31; 16,25; 18,29; 19,44; 20,31; 23,28

Kind, Knecht, Bursche *(pais)*
Mt 2,16; 8,6.8.13; 12,18; 14,2; 17,18; 21,15
Lk 1,54.69; 2,43; 7,7; 8,51.54; 9,42; 12,45; 15,26

Kleid, Mantel, Hemd *(himation)*
Mt 5,40; 9,16.20.21; 11,8; 14,36; 17,2; 21,7.8; 23,5; 24,18; 26,65; 27,31.35
Mk 2,21; 5,27.28.30; 6,56; 9,3; 10,50; 11,7.8; 13,16; 15,20.24
Lk 5,36; 6,29; 7,25; 8,27.44; 19,35.36; 22,36; 23,34

kleiden → anziehen

Kleidung → Gewand

klein
Mt 10,42; 11,11; 13,32; 18,6.10.14; 26,39.73
Mk 4,31; 9,42; 14,35.70; 15,40
Lk 7,28; 9,48; 12,32; 17,2; 19,3

Kleinglaube
Mt 17,20

kleingläubig
Mt 6,30; 8,26; 14,31; 16,8
Lk 12,28

Knecht → Kind *(pais)*

Knecht, Sklave *(doulos)*
Mt 8,9; 10,24.25; 13,27.28; 18,23.26.27.28.32; 20,27; 21,34.35.36; 22,3.4.6.8.10; 24,45.46.48.50; 25,14.19.21.23.26.30; 26,51
Mk 10,44; 12,2.4; 13,34; 14,47
Lk 2,29; 7,2.3.8.10; 12,37.38.43.45.46.47; 14,17.21.22.23; 15,22; 17,7.9.10; 19,13.15.17.22; 20,10.11; 22,50

können
Mt 3,9; 5,14.36; 6,24.27; 7,18; 8,2; 9,15.28; 10,28; 12,29.34; 16,3; 17,16.19; 19,12.25; 20,22; 22,46; 26.9.42.53.61; 27,42
Mk 1,40.45; 2,4.7.19; 3,20.23.24.25.26.27; 4,32.33; 5,3; 6,5.19; 7,15.18.24; 8,4; 9,3.22.23.28.29.39; 10,26.38.39; 14,5.7; 15,31
Lk 1,20.22; 3,8; 5,12.21.34; 6,39.42; 8,19; 9,40; 11,7; 12,25.26; 13,11; 14,20.26.27.33; 16,2.13.26; 18,26; 19,3; 20,36; 21,15

König sein
Mt 2,22
Lk 1,33; 19,14.27

Kopf → Haupt

Korn, Weizen
Mt 3,12; 13,25.29.30
Mk 4,28
Lk 3,17; 12,18; 16,7; 22,31

kosten
Mt 16,28; 27,34
Mk 9,1
Lk 9,27; 14,24

Kraft, Machttat^{+}
Mt 7,22^{+}; 11,20^{+}.21^{+}.23^{+}; 13,54^{+}.58^{+}; 14,2^{+}; 22,29; 24,29.30; 25,15; 26,64
Mk 5,30; 6,2^{+}.5^{+}.14; 9,1.39^{+}; 12,24; 13,25.26; 14,62
Lk 1,17.35; 4,14.36; 5,17; 6,19; 8,46; 9,1; 10,13^{+}.19; 19,37^{+}; 21,26; 22,69; 24,49

krank, schwach^{+} *(asthenäs)*
Mt 25,39.43.44; 26,41^{+}
Mk 14,38^{+}
Lk 9,2; 10,9

krank sein, Kranker *(astheneo)*
Mt 10,8; 25,36.39
Mk 6,56
Lk 4,40; 7,10; 9,2

Krankheit *(nosos)*
Mt 4,23.24; 8,17; 9,35; 10,1
Mk 1,34
Lk 4,40; 6,18; 7,21; 9,1

Krippe
Lk 2,7.12.16; 13,15

Kreuz
Mt 10,38; 16,24; 27,32.40.42
Mk 8,34; 15,21.30.32
Lk 9,23; 14,27; 23,26

kreuzigen
Mt 20,19; 23,34; 26,2; 27,22.23.26.31.35.38; 28,5
Mk 15,13.14.15.20.24.25.27; 16,6
Lk 23,21.23.33; 24,7.20

Krüppel, verkrüppelt
Mt 15,30.31; 18,8
Mk 9,43

kümmern
Mt 22,16
Mk 4,38; 12,14
Lk 10,40

Kuß
Lk 7,45; 22,48

küssen → lieben

L

lästern
Mt 9,3; 26,65; 27,39
Mk 2,7; 3,28.29; 15,29
Lk 12,10; 22,65; 23,39

lagern, (zu Tisch) legen
Lk 7,36; 9,14.15; 14,8; 24,30

lagern, sich zu Tisch legen *(anaklino)*
Mt 8,11; 14,19
Mk 6,39
Lk 2,7; 7,36; 9,15; 12,37; 13,29

lahm
Mt 11,5; 15,30.31; 18,8; 21,14
Mk 9,45
Lk 7,22; 14,13.21

Land *(chora)*
Mt 2,12; 4,16; 8,28
Mk 1,5; 5,1.10; 6,55
Lk 2,8; 3,1; 8,26; 12,16; 15,13.14.15; 19,12; 21,21

Land → Erde

lassen, nach-, ver-, zu-
Mt 3,15; 4,11.20.22; 5,24.40; 6,12.14.15; 7,4; 8,15.22; 9,2.5.6; 12,31.32; 13,30.36; 15,14; 18,12.21.27.32.35; 19,14.27.29; 22,22.25; 23,13.23.38; 24,2.40.41; 26,44.56; 27,49.50
Mk 1,18.20.31.34; 2,5.7.9.10; 3,28; 4,12.36; 5,19.37; 7,8.12.27; 8,13; 10,14.28.29; 11,6.16.25.26; 12,12.19.20.21.22; 13,2.34; 14,6.50; 15,36.37
Lk 4,39; 5,11.20.21.23.24; 6,42; 7,47.48.49; 8,51; 9,60; 10,30; 11,4.42; 12,10.39; 13,8.35; 17,3.4.34.35; 18,16.28.29; 19,44; 21,6; 23,34

Last
Mt 11,30; 23,4
Lk 11,46

laufen
Mt 27,48; 28,8
Mk 5,6; 15,36
Lk 15,20; 24,12

Leben
Mt 7,14; 18,8.9; 19,16.17.29; 25,46
Mk 9,43.45; 10,17.30
Lk 1,75; 10,25; 12,15; 16,25; 18,18.30

leben
Mt 4,4; 9,18; 16,16; 22,32; 26,63; 27,63
Mk 5,23; 12,27; 16,11
Lk 2,36; 4,4; 10,28; 15,13.32; 20,38; 24,5.23

Lehre
Mt 7,28; 16,12; 22,33
Mk 1,22.27; 4,2; 11,18; 12,38
Lk 4,32

lehren
Mt 4,23; 5,2.19; 7,29; 9,35; 11,1; 13,54; 15,9; 21,23; 22,16; 26,55; 28,15.20
Mk 1,21.22; 2,13; 4,1.2; 6,2.6.30.34; 7,7; 8,31; 9,31; 10,1; 11,17; 12,14.35; 14,49
Lk 4,15.31; 5,3.17; 6,6; 11,1; 12,12; 13,10.22.26; 19,47; 20,1.21; 21,37; 23,5

Lehrer
Mt 8,19; 9,11; 10,24.25; 12,38; 17,24; 19,16; 22,16.24.36; 23,8; 26,18
Mk 4,38; 5,35; 9,17.38; 10,17.20.35; 12,14.19.32; 13,1; 14,14
Lk 2,46; 3,12; 6,40; 7,40; 8,49; 9,38; 10,25; 11,45; 12,13; 18,18; 19,39; 20,21.28.39; 21,7; 22,11

Leib
Mt 5,29.30; 6,22.23.25; 10,28; 26,12.26; 27,52.58.59
Mk 5,29; 14,8.22; 15,43
Lk 11,34.36; 12,4.22.23; 17,37; 22,19; 23,52.55; 24,3.23

Leichnam
Mt 14,12; 24,28
Mk 6,29; 15,45

leicht
Mt 9,5; 19,24
Mk 2,9; 10,25
Lk 5,23; 16,17; 18,25

leiden
Mt 16,21; 17,12.15; 27,19
Mk 5,26; 8,31; 9,12
Lk 9,22; 13,2; 17,25; 22,15; 24,26.46

lernen
Mt 9,13; 11,29; 24,32
Mk 13,28

letzter
Mt 5,26; 12,45; 19,30; 20,8.12.14.16; 21,31; 27,46
Mk 9,35; 10,31; 12,6.22
Lk 11,26; 12,59; 13,30; 14,9.10

Leuchte
Mt 5,15; 6,22
Mk 4,21
Lk 8,16; 11,33.34.36; 12,35; 15,8

leugnen, ver-
Mt 10,33; 26,70.72
Mk 14,68.70
Lk 8,45; 9,23; 12,9; 22,57

Licht
Mt 6,22; 17,5
Lk 11,34.36

Liebe
Mt 24,12
Lk 11,42

lieben *(agapao)*
Mt 5,43.44.46; 6,24; 19,19; 22,37.39
Mk 10,21; 12,30.31.33
Lk 6,27.32.35; 7,5.42.47; 10,27; 11,43; 16,13

lieben, küssen+ *(phileo)*
Mt 6,5; 10,37; 23,6; 26,48+
Mk 14,44+
Lk 20,46; 22,47+

liegen (zu Tisch), Tischgäste *(anakeimai)*
Mt 9,10; 22,10.11; 26,7; 26,20
Mk 5,40; 6,26; 14,18; 16,14
Lk 7,37; 22,27

liegen (zu Tisch) *(katakeimai)*
Mk 1,30; 2,4.15;14,3
Lk 5,25.29; 7,37

liegen (zu Tisch) zusammen, Tischgäste *(synanakeimai)*
Mt 9,10; 14,9
Mk 2,15; 6,22
Lk 7,49; 14,10.15

links
Mt 20,21.23; 25,33.41; 27,38
Mk 10,37.40; 15,27

Lob
Mt 21,16
Lk 18,43

loben
Lk 2,13.20; 19,37; 24,53

Lohn
Mt 5,12.46; 6,1.2.5.16; 10,41.42; 20,8
Mk 9,41
Lk 6,23.35; 10,7

M

Machttat → Kraft

Mädchen
Mt 9,24.25; 14,11
Mk 5,41.42; 6,22.28

Magd
Mt 26,69
Mk 14,66.69
Lk 12,45; 22,56

Mahl
Mt 22,4
Lk 11,38; 14,12

Mangel leiden → nötig haben

Mann
Mt 1,16.19; 7,24.26; 12,41; 14,21.35; 15,38
Mk 6,20.44; 10,2.12
Lk 1,27.34; 2,36; 5,8.12.18; 6,8; 7,20; 8,27.38.41; 9,14.30.32.38; 11,31.32; 14,24; 16,18; 17,12; 19,2.7; 22,63; 23,50; 24,4.19

Mantel → Kleid

Markt, Plätze+
Mt 11,16+; 20,3; 23,27+
Mk 6,56+; 7,4; 12,38+
Lk 7,32; 11,43+; 20,46+

Matratze
Mk 2,4.9.11.12; 6,55

Meer
Mt 4,15.18; 8,24.26.27.32; 13,1.47; 14,24.25.26; 15,29; 17,27; 18,6; 21,21; 23,15
Mk 1,16; 2,13; 3,7; 4,1.39.41; 5,1.13.21; 6,47.48.49; 7,31; 9,42; 11,23
Lk 17,2.6; 21,25

meinen, dünken
Mt 3,9; 6,7; 17,25; 18,12; 21,28; 22,17.42; 24,44; 26,53.66
Mk 6,49; 10,42
Lk 1,3; 8,18; 10,36; 12,40.51; 13,2.4; 17,9; 19,11; 22,24; 24,37

Meister
Lk 5,5; 8,24.45; 9,33.49; 17,13

melden
Mt 2,8; 8,33; 11,4; 12,18; 14,12; 28,8.9.10.11
Mk 5,14.19; 6,30; 16,10.13
Lk 7,18.22; 8,20.34.36.47; 9,36; 13,1; 14,21; 18,37; 24,9

Menge *(pläthos)*
Mk 3,7
Lk 1,10; 2,13; 5,6; 6,17; 8,37; 19,37; 23.1.27

Menschensohn
Mt 8,20; 9,6; 10,23; 11,19; 12,8.32.40; 13,37.41; 16,13.27.28; 17,9.12.22; 18,11; 19,28; 20,18.28; 24,27.30.37.39.44; 25,31; 26,2.24.45.64
Mk 2,10.28; 8,31.38; 9,9.12.31; 10,33.45; 13,26; 14,21.41.62
Lk 5,24; 6,5.22; 7,34; 9,22.26.44.56.58; 11,30; 12,8.10.40; 17,22.24.26.30; 18,8.31; 19,10; 21,27.36; 22,22.48.69; 24,7

mir nach → hinter

Mitknecht
Mt 18,28.29.31.39; 24,49

Mitleid bekommen, haben
Mt 9,36; 14,14; 15,32; 18,27; 20,34
Mk 1,41; 6,34; 8,2; 9,22
Lk 7,13; 10,39; 15,20

mitnehmen, übernehmen
Mt 1,20.24; 2,13.14.20.21; 4,5.8; 12,45; 17,1; 18,16; 20,17; 24,40.41; 26,37; 27,27
Mk 4,36; 5,40; 7,4; 9,2; 10,22; 14,33
Lk 9,10.28; 11,26; 17,34.35.36; 18,31

Mitte, mitten
Mt 10,16; 13,25.49; 14,6; 18,2.20; 25,6
Mk 3,3; 6,47; 7,31; 9,36; 14,60
Lk 2,46; 4,30.35; 5,19; 6,8; 8,7; 10,3; 17,11; 21,21; 22,27.55; 23,45; 24,36

möglich
Mt 19,26; 24,24; 26,29
Mk 9,23; 10,27; 13,22; 14,35.36
Lk 14,31; 18,27

Mord
Mt 15,19
Mk 7,21; 15,7
Lk 23,19.25

morden
Mt 5,21; 19,18; 23,31.35
Mk 10,19
Lk 18,20

morgen
Mt 6,30.34
Lk 10,35; 12,28; 13,32.33

Mose
Mt 8,4; 17,3.4; 19,7.8; 22,24; 23,2
Mk 1,44; 7,10; 9,4.5; 10,3.4; 12,19.26
Lk 2,22; 5,14; 9,30.33; 16,29.31; 20,28.37; 24,27.44

muß → (es) muß

müßig
Mt 12,36; 20,3.6

Mund
Mt 4,4; 5,2; 12,34; 13,35; 15,11.17.18; 17,27; 18,16; 21,16
Lk 1,64.70; 4,22; 6,45; 11,54; 19,22; 21,15.24; 22,71

Mut fassen
Mt 9,2.22; 14,27
Mk 6,50; 10,49
Lk 8,48

Mutter
Mt 1,18; 2,11.13.14.20.21; 10,35.37; 12,46.47.48.49.50; 13,55; 14,8.11; 15,4.5; 19,5.12.19.29; 20,20; 27,56
Mk 3,31.32.33.34.35; 5,40; 6,24.28; 7,10.11.12; 10,7.19.29.30; 15,40
Lk 1,15.43.60; 2,33.34.48.51; 7,12.15; 8,19.20.21.51; 12,53; 14,26; 18,20

N

(nach)folgen
Mt *4,20.22.25; 8,1.10.19.22.23; 9,9.19.27; 10,38; 12,15; 14,13; 16,24; 19,2.21.27.28; 20,29.34; 21,9; 26,58; 27,55*
Mk *1,18; 2,14.15; 3,7; 5,24; 6,1; 8,34; 9,38; 10,21.28.32.52; 11,9; 14,13.51.54; 15,41; 16,17*
Lk *5,11.27.28; 7,9; 9,11.23.49.59.61; 18,22.28.43; 22,10.39.54; 23,27*

Nachlaß
Mt *26,28*
Mk *1,4; 3,29*
Lk *1,77; 3,3; 4,18; 24,47*

nachlassen → lassen

Nacht
Mt *2,14; 4,2; 12,40; 14,25; 25,6; 26,31.34; 28,13*
Mk *4,27; 5,5; 6,48; 14,30*
Lk *2,8.37; 5,5; 12,20; 17,34; 18,7; 21,37*

nackt
Mt *25,36.38.43.44*
Mk *14,51.52*

Nächster
Mt *5,43; 19,19; 22,39*
Lk *10,27.29.36*

nähren → (er)nähren

nahe
Mt *24,32,33; 26,18*
Mk *13,28.29*
Lk *19,11; 21,30.31*

nahekommen
Mt *3,2; 4,17; 10,7; 15,8; 21,1.34; 26,45.46*
Mk *1,15; 11,1; 14,42*
Lk *7,12; 10,9.11; 12,33; 15,1.25; 18,35.40; 19,29.37.41; 21,8.20.28; 22,1.47; 24,15.28*

Nahrung
Mt *3,4; 6,25; 10,10; 24,45*
Lk *12,23*

Name
Mt *1,21.23.25; 6,9; 7,22; 10,2.22.41.42; 12,21; 18,5.20; 19,29; 21,9; 23,39; 24,5.9; 27,32.57; 28,19*
Mk *3,16,17; 5,9.22; 6,14; 9,37.38.39.41; 11,9; 13,6.13; 14,32; 16,17*
Lk *1,5.13.26.27.31.49.59.61.63; 2,21.25; 5,27; 6,22; 8,30.41; 9,48.49; 10,17.20.38; 11,2; 13,35; 16,20; 19,2.38; 21,8.12.17; 23,50; 24,13.18.47*

Nazarener
Mk *1,24; 10,47; 14,67; 16,6*
Lk *4,34; 24,19*

Nazaret
Mt *2,23; 21,11*
Mk *1,9*
Lk *1,26; 2,4.39.51*

Nazoräer
Mt *2,23; 26,71*
Lk *18,37*

nehmen → tragen

neigen
Mt *8,20*
Lk *9,12.58; 24,5.29*

neu
Mt *9,17; 13,52; 26,28.29; 27,60*
Mk *1,27; 2,21.22; 14,25; 16,17*
Lk *5,36.38; 22,20*

niederfallen → fallen

niederfallen vor
Mk *3,11; 5,33; 7,25*
Lk *5,8; 8,28.47*

niederlassen, sich
Mt *15,35*
Mk *6,40; 8,6*
Lk *11,37; 14,10; 17,7; 22,14*

nötig haben, Mangel leiden^{+}
Mt *3,14; 6,8; 9,12; 14,16; 21,3; 26,65*
Mk *2,17.25*$^{+}$*; 11,3; 14,63*
Lk *5,31; 9,11; 10,42; 15,7; 19,31.34; 22,71*

nützen
Mt *15,5; 16,26; 17,24*
Mk *5,26; 7,11; 8,36*
Lk *9,25*

nun, soeben^{+}
Mt *3,15; 9,18*$^{+}$*; 11,12; 23,39; 26,29.53.64*

O

Obrigkeit → Anfang

öffnen *(anoigo)*
Mt *2,11; 3,16; 5,2; 7,7.8; 9,30; 13,35; 17,27; 20,33; 25,11; 27,52*
Mk *7,35*
Lk *1,64; 3,21; 4,17; 11,9.10; 12,36; 13,25*

öffnen *(dianoigo)*
Mk *7,34.35*
Lk *2,23; 24,31.32.45*

Öl
Mt *25,3.48*
Mk *6,13*
Lk *7,46; 10,34; 16,6*

Ölberg
Mt *21,1; 24,3; 26,30*
Mk *11,1; 13,3; 14,26*
Lk *19,29.37; 21,37; 22,39*

offenbar
Mt *12,16*
Mk *3,12; 4,22; 6,14*
Lk *8,17*

offenbaren
Mt *10,26; 11,25.27; 16,17*
Lk *2,35; 10,21.22; 12,2; 17,30*

ohne
Mt *13,34; 14,21; 15,38*
Mk *4,34*
Lk *6,49*

Ohr
Mt *10,27; 11,15; 13,9.15.16.43*
Mk *4,9.23; 7,16.33; 8,18*
Lk *1,44; 4,21; 8,8; 9,44; 12,3; 14,35; 22,50*

Opfer
Mt *9,13; 12,7*
Mk *9,49; 12,33*
Lk *2,24; 13,1*

Opfergabe → Gabe

opfern → herbeibringen

Ort, Stätte
Mt *12,43; 14,13.15.35; 24,7.15; 26,52; 27,33; 28,6*
Mk *1,35.45; 6,11.31.32.35; 13,8; 15,22; 16,6*
Lk *2,7; 4,17.37.42; 6,17; 9,12; 10,1.32; 11,1.24; 14,9.10.22; 16,28; 19,5; 21,11; 22,40; 23,33*

Osten → Aufgang

P

packen
Mt *14,31*
Mk *8,23*
Lk *9,47; 14,4; 20,20.26; 23,26*

Petrus
Mt *4,18; 8,14; 10,2; 14,28.29; 15,15; 16,16.18.22.23; 17,1.4.24; 18,21; 19,27; 26,33.35.37.40.58.69.73.75*
Mk *3,16; 5,37; 8,29.32.33; 9,2.5; 10,28; 11,21; 13,3; 14,29.33.37.54.66.67.70.72; 16,7.8*
Lk *5,8; 6,14; 8,45.51; 9,20.28.32.33; 12,41; 18,28; 22,8.34.54.55.58.60.61; 24,12*

pflanzen
Mt *15,13; 21,33*
Mk *12,1*
Lk *13,6; 17,6.28*

Pharisäer
Mt 3,7; 5,20; 9,11.14.34; 12,2.14.24.38; 15,1.12; 16,1.6.11.12; 19,3; 21,45; 22,15.34.41; 23,2.13.14.15.23.25.26.27.29; 27,62
Mk 2,16.18.24; 3,6; 7,1.3.5; 8,11.15; 10,2; 12,13
Lk 5,17.21.30.33; 6,2.7; 7,30.36.37.39; 11,37.38.39.42.43.53; 12,1; 13,31; 14,1.3; 15,2; 16,14; 17,20; 18,10.11; 19,39

Pilatus
Mt 27,2.13.17.22.24.58.62.65
Mk 15,1.2.4.5.9.12.14.15.43.44
Lk 3,1; 13,1; 23,1.3.4.6.11.12.13.20.24.52

Plätze → Markt

Plage
Mk 3,10; 5,29.34

plötzlich
Mk 13,36
Lk 2,13; 9,39

Priester
Mt 8,4; 12,4.5
Mk 1,44; 2,26
Lk 1,5; 5,14; 6,4; 10,31; 17,14; 20,1

Prophet
Mt 1,22; 2,5.15.17.23; 3,3; 4,14; 5,12.17; 7,12; 8,17; 10,41; 11,9.13; 12,17.39; 13,17.35.57; 14,5; 16,14; 21,4.11.26.46; 22,40; 23,29.30.31.34.37; 24,15; 26,56; 27,9
Mk 1,2; 6,4.15; 8,28; 11,32
Lk 1,70.76; 3,4; 4,17.24.27; 6,23; 7,16.26.39; 9,8.19; 10,24; 11,47.49.50; 13,28.33.34; 16,16.29.31; 18,31; 20,6; 24,19.25.27.44

prophezeien
Mt 7,22; 11,13; 15,7; 26,68
Mk 7,6; 14,65
Lk 1,67; 22,64

prüfen, versuchen⁺
Mt 4,1⁺.3⁺; 16,1; 19,3; 22,18.35
Mk 1,13⁺; 8,11; 10,2; 12,15
Lk 4,2⁺; 11,16

Prüfung, Versuchung⁺
Mt 6,13⁺; 26,41⁺
Mk 14,38⁺
Lk 4,13⁺; 8,13⁺; 11,4⁺; 22,28.40⁺.46⁺

Q

quälen
Mt 8,6.29; 14,24
Mk 5,7; 6,48
Lk 8,28

Qual
Mt 4,24
Lk 16,23.28

Quaste
Mt 9,20; 14,36; 23,5
Mk 6,50
Lk 8,44

R

Rabbi
Mt 23,7.8; 26,25.49
Mk 9,5; 11,21; 14,45

Räuber
Mt 21,13; 26,55; 27,38.44
Mk 11,17; 14,48; 15,27
Lk 10,30.36; 19,46; 22,52

Ranzen
Mt 10,10
Mk 6,8
Lk 9,3; 10,4; 22,35.36

rasch
Mt 5,25; 28,7.8
Mk 9,39
Lk 14,21; 15,22; 16,6

rechtfertigen
Mt 11,19; 12,37
Lk 7,29.35; 10,29; 16,15; 18,14

rechts, Rechte
Mt 5,29.30.39; 6,3; 20,21.23; 22,44; 25,33.34; 26,64; 27,29.38
Mk 10,37.40; 12,36; 14,62; 15,27; 16,5.19
Lk 1,11; 6,6; 20,42; 22,50.69; 23,33

Reich
Mt 3,2; 4,8.17.23; 5,3.10.19.20; 6,10.13.33; 7,21; 8,11.12; 9,35; 10,7; 11,11.12; 12,25.26.28; 13,11.19.24.31.33.38.41.43.44.45.47.52; 16,19.28; 18,1.3.4.23; 19,12.14.23.24; 20,1.21.31.43; 22,2; 23,13; 24,7.14; 25,1.34; 26,29
Mk 1,14.15; 3,24; 4,11.26.30; 6,23; 9,1.47; 10.14.15.23.24.25; 11,10; 12,34; 13,8; 14,25; 15,43
Lk 1,33; 4,5.43; 6,20; 7,28; 8,1.10; 9,2.11.27.60.62; 10,9.11; 11,2.17.18.20; 12,31.32; 13,18.20.28.29; 14,15; 16,16; 17,20.21; 18,16.17.24.25.29; 19,11.12.15; 21,10.31; 22,16.18.29.30; 23,42.51

reich
Mt 19,23.24; 27,57
Mk 10,25; 12,41
Lk 6,24; 12,16; 14,12; 16,1.19.21.22; 18,23.25; 19,2; 21,1

reichen *(epididomi)*
Mt 7,9.10
Lk 4,17; 11,11.12; 24,30.42

reinerklären → reinigen

reinigen, reinmachen, reinerklären
Mt 8,2.3; 10,8; 11,5; 23,25.26
Mk 1,40.41.42; 7,19
Lk 4,27; 5,12.13; 7,22; 11,39; 17,14.17

reinmachen → reinigen

reißen
Mt 7,6; 9,17
Mk 2,22; 9,18
Lk 5,37; 9,42

retten
Mt 1,21; 8,25; 9,21.22; 10,22; 14,30; 16,25; 18,11; 19,25; 24,13.22; 27,40.42.49
Mk 3,4; 5,23.28.34; 6,56; 8,35; 10,26.52; 13,13.20; 15,30.31; 16,16
Lk 6,9; 7,50; 8,12.36.48.50; 9,24; 13,23; 17,19; 18,26.42; 19,10; 23,35.37.39

Retter
Lk 1,47; 2,11

Rettung
Lk 1,69.71.77; 19,9

Richter
Mt 5,25; 12,27
Lk 11,19; 12,14.58; 18,2

richtig
Mk 7,35
Lk 7,43; 10,28; 20,21

rings
Mk 3,34; 6,6.36
Lk 9,12

Rohr
Mt 11,7; 12,20; 27,29.30.48
Mk 15,19.36
Lk 7,24

Ruf *(phämä)*
Mt 9,26
Lk 4,14

Ruf → Stimme

rufen *(phoneo)*
Mt 20,32; 26,34.74.75; 27,47
Mk 1,26; 9,35; 10,49; 14,30.68.72; 15,35
Lk 8,8.54; 14,12; 16,2.24; 19,15; 22,34.60.61; 23,46

schlimmer
Mt 9,16; 12,45; 27,64
Mk 2,21; 5,26
Lk 11,26

schmähen
Mt 5,11; 11,20; 27,44
Mk 15,32; 16,14
Lk 6,22

schmücken
Mt 12,44; 23,29; 25,7
Lk 11,25; 21,5

schreiben
Mt 2,5; 4,4.6.7.10; 11,10; 21,13; 26,24.31; 27,37
Mk 1,2; 7,6; 9,12.13; 10,4.5; 11,17; 12,19; 14,21.27
Lk 1,3.63; 2,23; 3,4; 4,4.8.10.17; 7,27; 10,20.26; 16,6.7; 18,31; 19,46; 20,17.28; 21,22; 22,37.38; 24,44.46

schreien *(krazo)*
Mt 8,29; 9,27; 14,26.30; 15,22.23; 20,30.31; 21,9.15; 27,23.50
Mk 3,11; 5,5.7; 9,24.26; 10,47.48; 11,9; 15,13.14
Lk 4,41; 9,39; 18,39; 19,40

schreien → rufen *(boao)*

Schrift(-stelle)
Mt 21,42; 22,29; 26,54.56
Mk 12,10.24; 14,49;
Lk 4,21; 24,27.32.45

schütteln, erschüttern
Mt 11,7; 24,29
Mk 13,25
Lk 6,38.48; 7,24; 21,26

schulden
Mt 18,28.30.34; 23,16.18
Lk 7,41; 11,4; 16,5.7; 17,10

schuldig *(aitios)*
Lk 23,4.14.22

schuldig *(enochos)*
Mt 5,21.22; 26,66;
Mk 3,29; 14,64

schultern → tragen

schwach → krank

schweigen *(sigao)*
Lk 9,36; 18,39; 20,26

schweigen, stumm^{+} *(siopao)*
Mt 20,31; 26,63;
Mk 3,4; 4,39; 9,34; 10,48; 14,61
Lk 1,20^{+}; 19,40

Schwein
Mt 7,6; 8,30.31.32
Mk 5,11.12.13.16
Lk 8,32.33; 15,15.16

Schwert
Mt 10,34; 26,47.51.52.55
Mk 14,43.47.48
Lk 21,24; 22,36.38.49.52

Schwester
Mt 12,50; 13,56; 19,29
Mk 3,32.35; 6,3; 10,29.30
Lk 10,39.40; 14,26

Schwiegermutter
Mt 8,14; 10,35
Mk 1,30
Lk 4,38; 12,53

schwören
Mt 5,34.36; 23,16.18.20.21.22; 26,74
Mk 6,23; 14,71
Lk 1,73

sechs
Mt 17,1
Mk 9,2
Lk 4,25; 13,14

See
Lk 5,1.2; 8,22.23.33

Segen sprechen → segnen

segnen, Segen sprechen
Mt 5,44; 14,19; 21,9; 23,39; 25,34; 26,26
Mk 6,41; 8,7; 10,16; 11,9.10; 14,22
Lk 1,28.42.64; 2,34; 6,28; 9,16; 13,35; 19,38; 24,30.50.51

sehen *(blepo)*
Mt 5,28; 6,4.6.18; 7,3; 11,4; 12,22; 13,13.14.16.17; 14,30; 15,31; 18,10; 22,16; 24,2.4
Mk 4,12.24; 5,31; 8,18.23.24; 12,14; 13,2
Lk 6,41.42; 7,21.44; 8,10.16.18; 9,62; 10,23.24; 11.33; 24,12

selig
Mt 5,3.4.5.6.7.8.9.10.11; 11,6; 13,16; 16,17; 24,46
Lk 1,45; 6,20.21.22; 7,23; 10,23; 11,27.28; 12,37.38.43; 14,14.15; 23,29

senden
Mt 2,16; 8,31; 10,5.16.40; 11,10; 13,41; 14,35; 15,24; 20,2; 21,1.3.34.36.37; 22,3.4.16; 23,34.37; 24,31; 27,19
Mk 1,2; 3,14.31; 4,29; 5,10; 6,7.17.27; 8,26; 9,37; 11,1.3; 12,2.3.4.5.6.13; 13,27; 14,13
Lk 1,19.26; 4,18.43; 7,3.20.27; 9,2.48.52; 10,1.3.16; 11,49; 13,34; 14,17.32; 19,14.29.32; 20,10; 22,8.35; 24,49

Senf
Mt 13,31; 17,20
Mk 4,31
Lk 13,19; 17,6

setzen, sich
Mt 5,1; 13,48; 19,28; 20,21.23; 23,2; 25,31; 26,36
Mk 9,35; 10,37.40; 11,2.7; 12,41; 14,32; 16,19
Lk 4,20; 5,3; 14,28.31; 16,6; 19,30; 22,30; 24,49

Sidon
Mt 11,21.22; 15,21
Mk 3,8; 7,31
Lk 6,17; 10,13.14

sieben
Mt 12,45; 15,34.36.37; 16,10; 18,22; 22,25.26.28
Mk 8,5.6.8.20; 12,20.22.23; 16,9
Lk 2,36; 8,2; 11,26; 20,29.31

siech
Mt 14,14
Mk 6,5.13; 16,18

sieh
Mt 25,20.22.25; 26,65
Mk 2,24; 3,34; 11,21; 13,21; 16,1

siehe
Mt 1,20.23; 2,1.9.13.19; 3,16.17; 4,11; 8,2.24.29.32.34; 9,2.3.10.18.20.32; 10,16; 11,8.10.19; 12,2.10.18.41.42.46.47.49; 13,3; 15,22; 17,3.5; 19,16.27; 20,18.30; 21,5; 22,4; 23,34.38; 24,23.25.26; 25,6.45.46.47.51; 27,51; 28,2.7.9.11.20
Mk 1,2; 3,32; 4,3; 5,22; 10,28.33; 13,21.23; 14,41.42; 15,35
Lk 1,20.31.36.38.44.48; 2,9.10.25.34.48; 5,12.18; 6,23; 7,12.25.27.34.37; 8,41; 9,30.38.39; 10,3.19.25; 11,31.32.41; 13,7.11.16.30.32.35; 14,2; 15,29; 17,21.23; 18,28.31; 19,2.8.20; 22,10.21.31.38.47; 23,14.15.29.50; 24,4.13.49

Silber, -geld, -stück
Mt 25,18.27; 26,15; 27,3.5.6.9; 28,12.15
Mk 14,11
Lk 9,3; 19,15.23; 22,5

Simon (Petrus)
Mt 4,18; 10,2; 16,16.17;
Mk 1,16.29.30.36; 3,16; 14,37
Lk 4,38; 5,3.4.5.8.10; 6,14; 22,31; 24,34

sitzen
Mt 4,16; 9,9; 11,16; 13,1.2; 15,29; 19,28; 20,30; 22,44; 23,22; 24,3; 26,58.64.69; 27,19.36.61; 28,2
Mk 2,6.14; 3,32.34; 4,1; 5,15; 10,46; 12,36; 13,3; 14,62; 16,5
Lk 1,79; 5,17.27; 7,32; 8,35; 10,13; 18,35; 20,42; 21,35; 22,30.55.56.69

Sklave → Knecht

Sodom
Mt 10,15; 11,23.24
Lk 10,12; 17,29

soeben → nun

sofort
Mt 21,19.20
Lk 1,64; 4,39; 5,25; 8,44.47.55; 13,13; 18,43; 19,11; 22,60

sogleich
Mk 4,20.22; 8,3; 13,5; 14,22.31; 20,34; 21,2; 24,29; 25,15; 26,49.74; 27,48
Mk 7,35
Lk 5,13.39; 12,36.54; 14,5; 17,7; 21,9

Sohn
Mt 1,1.20.21.23.25; 2,15; 3,17; 4,3.6; 5,9.45; 7,9; 8,12.20.29; 9,6.15.27; 10,23.37; 11,19.27; 12,8.23.27.32.40; 13,37.38.41.55; 14,33; 15,22; 16,13.16.27.28; 17,5.9.12.15.22.25.26; 18,11; 19,28; 20,18.20.21.28.30.31; 21,5.9.15.37.38; 22,2.42.45; 23,15.31.35; 24,27.30.36.37.39.44; 25,31; 26,2.24.37.45.63.64; 27,9.40.43.54.56; 28,19
Mk 1,1.11; 2,10.19.28; 3,11.17.28; 5,7; 6,3; 8,31.38; 9,7.9.12.17.31; 10,33.35.45.46.47.48; 12,6.35.37; 13,26.32; 14,21.41.61.62; 15,39
Lk 1,13.16.31.32.35.36.57; 2,7; 3,2.22.23; 4,3.9.22.41; 5,10.24.34; 6,5.22.35; 7,12.34; 8,28; 9,22.26.35.38.41.44.58; 10,6.22; 11,11.19.30; 12,8.10.40.53; 14,5; 15,11.13.19.21.24.25.30; 16,8; 17,22.24.26.30; 18,8.31.38.39; 19,9.10; 20,13.34.36.41.44; 21,27.36; 22,22.48.69.70; 24,7

Sohn Davids
Mt 1,4.20; 9,27; 12,23; 15,22; 20,30.31; 21,9.15;
Mk 10,47.48; 12,35
Lk 18,38.39; 20,41

Sohn Gottes
Mt 4,3.6; 5,9; 8,29; 14,33; 16,16; 26,63; 27.40.43.54
Mk 1,1; 3,11; 5,7; 15,39
Lk 1,35; 4,3.9.41; 8,28; 22,70

Soldat
Mt 8,9; 27,27; 28,12
Mk 15,16
Lk 7,8; 23,36

Sonne
Mt 5,45; 13,6.43; 17,2; 24,29
Mk 1,32; 4,6; 13,24; 16,2
Lk 4,40; 21,25; 23,45

Sorge
Mt 13,22
Mk 4,19
Lk 8,14; 21,34

sorgen
Mt 6,25.27.28.31.34
Lk 10,41; 12,11.22.25.26

spät
Mt 28,1
Mk 11,19; 13,35

spalten
Mt 27,51
Mk 1,10; 15,38
Lk 5,36; 23,45

speien
Mk 7,33; 8,23

Speise
Mt 14,15
Mk 7,19
Lk 3,11; 9,13

sprachlos
Mk 7,37; 9,17.25

Sproß → Same

Spruch, Sache, Ding *(rhäma)*
Mt 4,4; 12,36; 18,16; 26,75; 27,14
Mk 9,32; 14,72
Lk 1,37.38.65; 2,15.17.19.29.50.51; 3,2; 5,5; 7,1; 9,45; 18,34; 20,26; 22,61; 24,8.11

Stadt
Mt 2,23; 4,5; 5,14.35; 8,33.34; 9,1.35; 10,5.11.14.15.23; 11,1.20; 12,25; 14,13; 21,10.17.18; 22,7; 23,34; 26,18; 27,53; 28,11
Mk 1,33.45; 5,14; 6,33.56; 11,19; 14,13.16
Lk 1,26.39; 2,3.4.11.39; 4,29.31.43; 5,12; 7,11.12.37; 8,1.4.27.34.39; 9,5.10; 10,1.8.10.11.12; 13,22; 14,21; 18,2.3; 19,17.19.41; 22,10; 23,19.51; 24,49

Stätte → Ort

Stamm
Mt 19,28; 24,30
Lk 2,36; 22,30

stark
Mt 3,11; 12,29; 14,30
Mk 1,7; 3,27
Lk 3,16; 11,21.22; 15,14

staunen
Mt 8,10.27; 9,8.33; 15,31; 21,20; 22,22; 27,14
Mk 5,20; 6,6.51; 12,17; 15,5.44
Lk 1,21.63; 2,18.33; 4,22; 7,9; 8,25; 9,43; 11,14.38; 20,26; 24,12.41

stehlen
Mt 6,19.20; 19,18; 27,64; 28,13
Mk 10,19
Lk 18,20

Stein
Mt 3,9; 4,3.6; 7,9; 21,42.44; 24,2; 27,60.66; 28,2
Mk 5,5; 12,10; 13,1.2; 15,46; 16,3.4
Lk 3,8; 4,3.11; 17,2; 19,40.44; 20,17.18; 21,5.6; 22,41; 24,2

steinigen
Mt 21,35; 23,37
Lk 13,34

sterben *(apothnäsko)*
Mt 8,32; 9,24; 22,24.27; 26,35
Mk 5,35.39; 9,26; 12,19.20.21.22; 15,44
Lk 8,42.52.53; 16,22; 20,28.29.30.31.32.36

sterben, zu Ende gehen, Ende finden *(teleutao)*
Mt 2,19; 9,18; 15,4; 22,25
Mk 7,10; 9,48
Lk 7,2

Stern
Mt 2,2.7.9.10; 24,29
Mk 13,25

Steuer
Mt 17,25; 22,17.19
Mk 12,14

Stimme, Ruf
Mt 3,3.17; 12,19; 17,5; 27,46.50
Mk 1,3.11.26; 5,7; 9,7; 15,34.37
Lk 1,44; 3,4.22; 4,33; 8,28; 9,35.36; 11,27; 17,13.15; 19,37; 23,23.46

strahlen
Mt 5,15.16; 17,2
Lk 17,24

Straße
Mt 6,5; 12,19
Lk 10,10; 13,26; 14,21

stumm, taub^{+}
Mt 9,32.33; 11,5^{+}; 12,22; 15,30.31
Mk 7,32^{+}.37^{+}; 9,25
Lk 1,22; 7,22^{+}; 11,14

Stunde
Mt 8,13; 9,22; 10,19; 14,15; 15,28; 17,18; 18,1; 20,3.5.9.12; 24,36.44.50; 25,13; 26,40.45.55; 27,45.46
Mk 6,35; 11,11; 13,11.32; 14,35.37.41; 15,25.33.34
Lk 1,10; 2,38; 7,21; 10,21; 12,12.39.40.46; 13,31; 14,17; 20,19; 22,14.53.59; 23,44; 24,33

suchen, fordern^{+}
Mt 2,13.20; 6,33; 7,7^{+}.8^{+}; 12,43.46.47; 13,45; 18,12; 21,46; 26,16.59; 28,5
Mk 1,37; 3,32; 8,11^{+}.12^{+}; 11,18; 12,12; 14,1.11.55; 16,6
Lk 2,45.48.49; 4,42; 5,18; 6,19; 9,9; 11,10^{+}.16^{+}.24.29^{+}.54; 12,29.31.48^{+}; 13,6.7.24; 15,8; 17,33; 19,3.10.47; 20,19; 22,2.6; 24,5

Sünde
Mt 1,21; 3,6; 9,2.5.6; 12,31; 26,28
Mk 1,4.5; 2,5.7.9.10;
Lk 1,77; 3,3; 5,20.21.23.24; 7,47.48.49; 11,4; 24,47

Sünder, sündig
Mt 9,10.11.13; 11,19; 26,45
Mk 2,15.16.17; 8,38; 14,41
Lk 5,8.30.32; 6,32.33.34; 7,34.37.39; 13,2; 15,1.2.7.10; 18,13; 19,7; 24,7

sündigen
Mt 18,15.21; 27,4
Lk 15,18.21; 17,3.4

Synagoge
Mt 4,23; 6,2.5; 9,35; 10,17; 12,9; 13,54; 23,6.34
Mk 1,21.23.29.39; 3,1; 6,2; 12,39; 13,9
Lk 4,15.16.20.28.33.38.44; 6,6; 7,5; 8,41; 11,43; 12,11; 13,10; 20,46; 21,12

Synagogenvorsteher
Mk 5,22.35.36.38
Lk 8,49; 13,14

Synedrion, Gericht
Mt 5,22; 10,17; 26,59
Mk 13,9; 14,55; 15,1
Lk 22,66

T

Täufer *(baptistäs)*
Mt 3,1.11; 11,12; 14,2.8; 16,14; 17,13
Mk 6,24.25; 8,28
Lk 7,20.28.33; 9,19
(ho baptizon)
Mk 1,4; 6,14.24

Tag
Mt 2,1; 3,1; 4,2; 6,34; 7,22; 9,15; 10,15; 11,12.22.24; 12,36.40; 13,1; 15,32; 16,21; 17,1.23; 20,2.6.12.19; 22,23.46; 23,30; 24,19.22.29.36.37.38.42.50; 25,13; 26,2.29.55.61; 27,40.63.64; 28,15.20
Mk 1,9.13; 2,1.20; 4,27.35; 5,5; 6,21; 8,1.2.31; 9,2.31; 10,34; 13,17.19.20.24.32; 14,1.12.25.49.58; 15,29
Lk 1,5.7.18.20.23.24.25.39.59.75.80; 2,1.6.21.22.36.37.43.44.46; 4,2.16.25.42; 5,17.35; 6,12.13.23; 8,22; 9,12.22.23.28.36.37.51; 10,12; 11,3; 12,46; 13,14.16; 14,5; 15,13; 16,19; 17,4.22.24.26.27.28.29.30.31; 18,7.33; 19,42.43.47; 20,1; 21,6.22.23.34.37; 22,7.53.66; 23,7.12.29.54; 24,7.13.18.21.29.46

taub → stumm

Taufe
Mt 3,7; 20,22.23; 21,25
Mk 1,4; 10,38.39; 11,30
Lk 3,3; 7,9; 12,50; 20,4

taufen
Mt 3,6.11.13.14.16; 20,22.23; 28,19
Mk 1,4.5.8.9; 6,14.24; 7,4; 10,38.39; 16,16
Lk 3,7.12.16.21.29.30; 11,38; 12,50

taugen → vermögen

Tempel
Mt 4,5; 12,5.6; 21,12.14.15.23; 24,1; 26,55
Mk 11,11.15.16.27; 12,35; 13,1.3; 14,49
Lk 2,27.37.46; 4,9; 18,10; 19,45.47; 20,1; 21,37.38; 22,52.53; 24,52

Teufel
Mt 4,1.5.8.11; 13,39; 25,41
Lk 4,2.3.5.6.13; 8,12

Thron
Mt 5,34; 19,28; 23,22; 25,31
Lk 1,32.52; 22,30

Tisch
Mt 15,27; 21,12
Mk 7,28; 11,15
Lk 16,21; 19,23; 22,21.30

Tischgäste → liegen

Tochter
Mt 9,18.22; 10,35.37; 14,6; 15,22.28; 21,5
Mk 5,34.35; 6,22; 7,26.29.30
Lk 1,5; 2,36; 8,42.48.49; 12,53; 13,16; 23,28

Tod
Mt 4,16; 10,21; 15,4; 16,28; 20,18; 26,38.66
Mk 7,10; 9,1; 10,33; 13,12; 14,34.64
Lk 1,79; 2,26; 9,27; 22,33; 23,15.22; 24,20

(zu) Tode bringen
Mt 10,21; 26,59; 27,1
Mk 13,12; 14,55
Lk 21,16

Töchterchen
Mk 5,23; 7,25

törícht, Tor
Mt 5,22; 7,26; 23,17; 25,2.3.8

töten
Mt 10,28; 14,5; 16,21; 17,23; 21,35.38.39; 22,6; 23,34.37; 24,9; 26,4
Mk 3,4; 6,19; 8,31; 9,31; 10,34; 12,5.7.8; 14,1
Lk 9,22; 11,47.48.49; 12,4.5; 13,4.31.34; 18,33; 20,14.15

tot
Mt 8,22; 10,8; 11,5; 14,2; 17,9; 22,31.32; 23,27; 27,64; 28,4
Mk 6,14; 9,9.10.26; 12,25.26.27
Lk 7,15.22; 9,7.60; 15,24.32; 16,30.31; 20,35.37.38; 24,5.46

tränken
Mt 10,42; 25,35.37.42; 27,48
Mk 9,41; 15,36
Lk 13,15

tragen, aufheben, nehmen *(airo)*
Mt 4,6; 9,6.16; 11,29; 13,12; 14,12.20; 15,37; 16,24; 17,27; 20,14; 21,21.43; 22,13; 24,17.18.39; 25,28.29; 27,32
Mk 2,3.9.11.12.21; 4,15.25; 6,8.29.43; 8,8.19.20.34; 10,21; 11,23; 13,15.16; 15,21.24; 16,18
Lk 4,11; 5,24.25; 6,29.30; 8,12.18; 9,3.17.23; 11,22.52; 17,13.31; 19,21.22.24.26; 22,36; 23,18

tragen, schultern⁺ *(bastazo)*
Mt 3,11; 8,17; 20,12
Mk 14,13
Lk 7,14; 10,4; 11,27; 14,27⁺; 22,10

trauern
Mt 5,4; 9,15
Mk 16,10
Lk 6,25

trefflich, gut
Mt 5,44; 12,12; 15,7
Mk 7,6.9.37; 12,28.32; 16,18
Lk 6,26.27.48; 20,39

trinken
Mt 6,25.31; 11,18.19; 20,22.23; 24,38.49; 26,27.29.42; 27,34
Mk 10,38.39; 14,25; 16,18
Lk 1,15; 5,30.33.39; 7,33.34; 10,7; 12,19.29.45; 13,26; 17,8.27.28; 22,18.30

trösten⁺, bitten *(parakaleo)*
Mt 2,18⁺; 5,4⁺; 8,5.31.34; 14,36; 18,29.32; 26,53
Mk 1,40; 5,10.12.17.18.23; 6,56; 7,32; 8,22
Lk 3,18; 7,4; 8,31.32.41; 15,28; 16,25

Tür
Mt 6,6; 24,33; 25,10; 27,60; 28,2
Mk 1,33; 2,2; 11,4; 13,29; 15,46; 16,3
Lk 11,7; 13,24.25

Turm
Mt 21,33
Mk 12,1
Lk 13,4; 14,28

Tyrus
Mt 11,21.22; 15,21
Mk 3,8; 7,24.31
Lk 6,17; 10,13.14

U

Übel
Mt 21,41.48; 27,23
Mk 7,21; 15,14
Lk 16,25; 23,22

übel (Adverb)
Mt 4,24; 8,16; 9,12; 14,35; 15,22; 17,15; 21,41
Mk 1,32.34; 2,17; 6,55
Lk 5,31; 7,2

übereinstimmen
Mt *18,19; 20,2.13*
Lk *5,36*

übergeben → ausliefern

überliefern → ausliefern

überlegen
Mt *16,7.8; 21,25*
Mk *2,6.8; 8,16.17; 9,33; 11,31*
Lk *1,29; 3,15.21.22; 12,7; 20,14*

Überlegung
Mt *15,19*
Mk *7,21*
Lk *2,35; 5,22; 6,8; 9,46.47; 24,38*

übernehmen → mitnehmen

überschatten
Mt *17,5*
Mk *9,7*
Lk *1,35; 9,34*

über-setzen *(diaperao)*
Mt *9,1; 14,34*
Mk *5,21; 6,53*
Lk *6,53*

übersetzen *(methermäneuomai)*
Mt *1,23*
Mk *5,41; 15,22.34*

umbringen
Mt *2,16*
Lk *22,2; 23,32*

umherblicken
Mk *3,5.34; 5,32; 9,8; 10,23; 11,11*
Lk *6,10*

umhergehen, wandeln+
Mt *4,18; 9,5; 11,5; 14,25.26.29; 15,31*
Mk *2,9; 5,42; 6,48.49; 7,5+; 8,24; 11,27; 12,38; 16,12*
Lk *5,23; 7,22; 11,44; 20,46; 24,17*

Umkehr
Mt *3,8.11*
Mk *1,4*
Lk *3,3.8; 5,32; 15,7; 24,47*

umkehren *(metanoeo)*
Mt *3,2; 4,17; 11,20.21; 12,41*
Mk *1,15; 6,12*
Lk *10,13; 11,32; 13,3.5; 15,7.10; 16,30; 17,3.4*

umkommen → vernichten

um-legen
Mt *21,33; 27,28.48*
Mk *12,1; 15,17.36*

umwenden, zurück-, zu- *(epistrepho)*
Mt *9,22; 10,13; 12,44; 13,15; 24,18*
Mk *4,12; 5,30; 8,33; 13,16*
Lk *1,16.17; 2,20.39; 8,55; 17,4.31; 22,32*

umwerfen (Kleidung)
Mt *6,29.31; 25,36.38.43*
Mk *14,51; 16,5*
Lk *12,27; 23,11*

unauslöschlich
Mt *3,12*
Mk *9,43.45*
Lk *3,17*

unfruchtbar *(steira)*
Lk *1,7.36; 23,29*

ungerecht
Mt *5,45*
Lk *16,10.11; 18,11*

Ungerechtigkeit
Lk *13,27; 16,8.9; 18,6*

ungläubig
Mt *17,17*
Mk *9,19*
Lk *9,41; 12,46*

unrein
Mt *10,1; 12,43*
Mk *1,23.26.27; 3,11.30; 5,2.8.13; 6,7; 7,25; 9,25*
Lk *4,33.36; 6,18; 8,29; 9,42; 11,24*

unverbildet
Mt *11,25; 21,16*
Lk *10,21*

unwillig sein
Mt *20,24; 21,15; 26,8*
Mk *10,14.41; 14,4*
Lk *13,14*

untertan sein
Lk *2,51; 10,17.20*

Unzucht
Mt *5,32; 15,19; 19,9*
Mk *7,21*

V

Vater
Mt *2,22; 3,9; 4,21.22; 5,16.45.48; 6,1.4.6.8.9.14.15.18.26.32; 7,11.21; 8,21; 10,20.21.29.32.33.35.37; 11,25.26.27; 12,50; 13,43; 15,4.5.6.13; 16,17.27; 18,10.14.19.35; 19,5.19.29; 20,23; 21,31; 23,9.30.32; 24,36; 25,34; 26,29.30.42.53; 28,19*
Mk *1,20; 5,40; 7,10.11.12; 8,38; 9,21.24; 10,7.19.29; 11,10.25.26; 13,12.32; 14,36; 15,21*
Lk *1,17.32.55.59.62.67.72.73; 2,33.48.49; 3,8; 6,23.26.36; 8,51; 9,26.42.59; 10,21.22; 11,2.11.13.47.48; 12,30.32.53; 14,26; 15,12.17.18.20.21.22.27.28.29; 16,24.27.30; 18,20; 22,29.42; 23,34.46; 24,49*

verachten *(exoutheneo)*
Mk *9,12*
Lk *18,9; 23,11*

verbergen *(krypto)*
Mt *5,14; 11,25; 13,35.44; 25,18.25*
Lk *13,21; 18,43*

verbergen *(apokrypto)*
Lk *10,21*

verborgen
Mt *6,4.6; 10,26*
Mk *4,22*
Lk *8,17; 12,2*

verbrennen
Mt *3,12; 13,30.40*
Lk *3,17*

verderben → vernichten

verehren
Mt *4,10*
Lk *1,74; 2,37; 4,8*

verfolgen
Mt *5,10.11.12.44; 10,23; 23,34*
Lk *11,49; 17,23; 21,12*

Verfolgung
Mt *13,21*
Mk *4,17; 10,30*

vergehen, vorübergehen
Mt *5,18; 8,28; 14,15; 24,34.35; 26,39.42*
Mk *6,48; 13,30.31; 14,35*
Lk *11,42; 12,37; 15,29; 16,17; 17,7; 18,37; 21.33*

vergleichen
Mt *6,8; 7,24.26; 11,16; 13,24; 18,23; 22,2; 25,1*
Mk *4,30*
Lk *7,31; 19,18.20*

verkaufen *(agorazo)*
Mt *13,46; 18,25; 26,9*
Mk *14,5*

verkaufen *(poleo)*
Mt *10,29; 13,44; 19,21; 21,12; 25,9*
Mk *10,21; 11,15*
Lk *12,6.33; 17,28; 18,22; 19,45; 22,36*

verklagen
Mt *12,10; 27,12*
Mk *3,2; 15,3.4*
Lk *6,7; 23,2.10.14*

verkündigen

Mt 3,1; 4,17.23; 9,35; 10,7.27; 11,1; 24,24; 26,13
Mk 1,4.7.14.38.39.45; 3,14; 5,20; 6,12; 7,36; 13,10; 14,9; 16,15.20
Lk 3,3; 4,18.19.44; 8,1.39; 9,2; 12,3; 24,47

Verlangen

Lk 23,24

verlangen, bitten *(aiteo)*

Mt 5,42; 6,8; 7,7.8.9.10.11; 14,7; 18,19; 20,20.22; 21,22; 27,20.58
Mk 6,22.23.24.25; 10,35.38; 11,24; 15,6.8.43
Lk 1,63; 6,30; 11,9.10.11.12.13; 12,20.48; 23,23.25.52

verlassen → lassen

verleugnen

Mt 16,24; 26,34.35.75
Mk 8,34; 14,30.31.72
Lk 9,23; 12,9; 22,34.61

verleugnen → leugnen

verlieren → vernichten

vermögen, taugen

Mt 5,13; 8,28; 26,40
Mk 5,4; 9,18; 14,37
Lk 6,48; 8,43; 13,24; 14,6.29.30; 16,3; 20,26

vernichten, verderben, verlieren, umkommen *(apollymi)*

Mt 2,13; 5,29.30; 8,25; 9,17; 10,6.28.39.42; 12,14; 15,24; 16,25; 18,11.14; 21,41; 22,7; 26,52; 27,20
Mk 1,24; 2,22; 3,6; 4,38; 8,35; 9,22.41; 11,18; 12,9
Lk 4,34; 5,37; 6,9; 8,24; 9,24.25.56; 11,51; 13,3.5.33; 15,4.6.8.9.17.24.32; 17,27.29.33; 19,10.47; 20,16.18

verschließen

Mt 6,6; 12,13; 25,10
Lk 4,25; 11,7

verspotten

Mt 2,16; 20,19; 27,29.31.41
Mk 10,34; 15,20.21
Lk 14,29; 18,32; 22,63; 23,11.36

verständig

Mt 7,24; 10,16; 24,45; 25,2.4.8.9
Lk 12,42; 16,8

verstehen, verständig werden$^+$ *(syniämi)*

Mt 13,13.14.15.19.23.51; 15,10; 16,12; 17,13
Mk 4,12; 6,52$^+$; 7,14; 8,17.21
Lk 2,50; 8,10; 24,45

verstummen

Mt 22,12.34
Mk 1,25; 4,39
Lk 4,35

versuchen → prüfen

Versuchung → Prüfung

verurteilen *(katadikazo)*

Mt 12,7.37
Lk 6,37

verurteilen *(katakrino)*

Mt 12,41.42; 20,18; 27,3
Mk 10,33; 14,64; 16,16
Lk 11,31.32

verwalten

Lk 16,2

Verwalter

Lk 12,42; 16,1.3.8

Verwaltung

Lk 16,2.3.4

verwerfen

Mt 21,42
Mk 8,31; 12,10
Lk 9,22; 17,25; 20,17

Vogel

Mt 6,26; 8,20; 13,4.32
Mk 4,4.32
Lk 8,5; 9,58; 12,24; 13,19

Volk, Völker = Heiden *(ethnos)*

Mt 4,15; 6,32; 10,5.18; 12,18.21; 20,19.25; 21,43; 24,7.9.14; 25,32; 28,19
Mk 10,33.42; 11,17; 13,8.10
Lk 2,32; 7,5; 12,30; 18,32; 21,10.24.25; 22,25; 23,2; 24,47

Volk *(laos)*

Mt 1,21; 2,4.6; 4,16.23; 13,15; 15,8; 21,23; 26,3.5.47; 27,1.25.64
Mk 7,6; 14,2
Lk 1,10.17.21.68.77; 2,10.31.32; 3,15.18.21; 6,17; 7,1.16.29; 8,47; 9,13; 18,43; 19,47.48; 20,1.6.9.19.26.45; 21,23.38; 22,2.66; 23,5.13.14.35; 24,19

voll

Mt 14,20; 15,37
Mk 4,28; 8,19
Lk 4,1; 5,12

vollenden *(synteleo)*

Mk 13,4
Lk 4,2.13

vollenden *(teleioo)*

Lk 2,43; 13,32

vollenden *(teleo)*

Mt 7,28; 10,23; 11,1; 13,53; 17,24; 19,1; 26,1
Lk 2,39; 12,50; 18,31; 22,37

Vollendung

Mt 13,39.40.49; 24,3; 28,20

vollkommen

Mt 5,48; 19,21

Vollmacht

Mt 7,29; 8,9; 9,6.8; 10,1; 21,23.24.27; 28,18
Mk 1,22.27; 2,10; 3,15; 6,7; 11,28.29.33; 13,34
Lk 4,6.32.36; 5,24; 7,8; 9,1; 10,19; 12,5.11; 19,17; 20,2.8.20; 22,53; 23,7

von dort

Mt 4,21; 5,26; 9,9.27; 11,1; 12,9.15; 13,53; 14,13; 15,21.29; 19,15
Mk 1,19; 6,1.10.11; 7,24; 9,30; 10,1
Lk 9,4; 12,59; 16,26

von weitem

Mt 26,58; 27,55
Mk 5,6; 8,3; 11,13; 14,54; 15,40
Lk 16,23; 18,13; 22,54; 23,49

vor *(emprosthen)*

Mt 5,16.24; 6,1.2; 7,6; 10,32.33; 11,10.26; 17,2; 23,13; 25,32; 26,70; 27,11.29
Mk 1,2; 2,12; 9,2
Lk 5,19; 7,27; 10,21; 12,8; 14,2; 19,4.27.28; 21,36

vor → angesichts *(enopion)*

voranfahren → voranziehen

voranschreiten, weitergehen

Mt 4,21
Mk 1,19
Lk 1,7.18; 2,36

voranziehen, -fahren

Mt 2,9; 14,22; 21,9.31; 26,32; 28,7
Mk 6,45; 10,32; 11,9; 14,28; 16,7
Lk 18,39

vorbringen → antworten

vorlegen → vorsetzen

vorsetzen, vorlegen

Mt 13,24.31
Mk 6,41; 8,6.7
Lk 9,16; 10,8; 11,6; 12,48; 23,46

Vorsteher, Fürst$^+$

Mt 9,18.23.34$^+$; 12,24$^+$; 20,25
Mk 3,22$^+$
Lk 8,41; 11,15$^+$; 12,58; 14,1; 18,18; 23,13.35; 24,20

vorübergehen → vergehen

vorüberziehen

Mt 27,39
Mk 2,23; 9,30; 11,20; 15,29

W

wachen
Mt 24,42.43; 25,13; 26,38.40.41
Mk 13,34.35.37; 14,34.37.38
Lk 12,37.39

wachsen
Mt 6,28; 13,32
Mk 4,8
Lk 1,80; 2,40; 12,27; 13,19

wagen
Mt 22,46
Mk 12,34; 15,43

wahrhaftig
Mt 14,33; 26,73; 27,54
Mk 14,70; 15,39
Lk 9,27; 12,44; 21,3

wahrheitsgemäß
Mt 22,16
Mk 12,14.32
Lk 4,25; 20,21; 22,59

wandeln → umhergehen

waschen
Mt 6,17; 15,2
Mk 7,3

Wasser
Mt 3,11.16; 8,32; 14,28.29; 17,15; 27,24
Mk 1,8.10; 9,22.41; 14,13
Lk 3,16; 7,44; 8,24.25; 16,24; 22,10

Weg
Mt 2,12; 3,3; 4,15; 5,25; 7,13.14; 8,28; 10,5.10; 11,10; 13,4.19; 15,32; 20,17.30; 21,8.19.32; 22,9.10.16
Mk 1,2.3; 2,23; 4,4.15; 6,8; 8,3.27; 9,33.34; 10,17.32.46.52; 11,8; 12,14
Lk 1,76.79; 2,44; 3,4.5; 7,27; 8,5.12; 9,3.57; 10,4.31; 11,6; 12,58; 14,23; 18,35; 19,36; 20,21; 24,32.35

wegführen → abführen

weghaben → entfernt sein

wegnehmen, abschlagen⁺
Mt 26,51⁺
Mk 14,47⁺
Lk 1,25; 10,42; 16,3; 22,50⁺

wegziehen *(metairo)*
Mt 13,53; 19,1

wehe
Mt 11,21; 18,7; 23,13.14.15.16.23.25.27.29; 24,19; 26,24
Mk 13,17; 14,21
Lk 6,24.25.26; 10,13; 11,42.43.44.46.47.52; 17,1; 21,23; 22,22

weiden
Mt 8,30.33
Mk 5,11.14
Lk 8,32.34; 15,15

Wein
Mt 9,17; 27,34
Mk 2,22; 15,23
Lk 1,15; 5,37.38; 10,34

weinen
Mt 2,18; 26,75
Mk 5,38.39; 14,72; 16,10
Lk 6,21.25; 7,13.32.39; 8,52; 19,41; 22,62; 23,28

Weise
Mt 11,25; 23,34
Lk 10,21

Weisheit
Mt 11,19; 12,42; 13,54
Mk 6,2
Lk 2,40.52; 7,35; 11,31.49; 21,15

weiß
Mt 5,36; 17,2; 28,3
Mk 9,3; 16,5
Lk 9,29

weiterer
Mt 6,24; 8,21; 10,23; 11,3.16; 12,45; 15,30; 16,14; 21,30
Mk 16,12
Lk 3,18; 4,43; 5,7; 6,6; 7,19.41; 8,3.6.7.8; 9,29.56.59.61; 10,1; 11,16.26; 14,19.20.31; 16,7.13.18; 17,34.35; 18,10; 19,20; 20,11; 22,58.65; 23,32.40

weitergehen → voranschreiten

Weizen → Korn

Welt
Mt 4,8; 5,14; 13,35.38; 16,26; 18,7; 24,21; 25,34; 26,13
Mk 8,36; 14,9; 16,15
Lk 9,25; 11,50; 12,30

wenig
Mt 7,14; 9,37; 15,34; 22,14; 25,21.23
Mk 1,19; 6,5.31; 8,7
Lk 5,3; 7,47; 10,2.42; 12,48; 13,23

werfen, schicken
Mt 3,10; 4,6.18; 5,13.25.29.30; 6,30; 7,6.19; 8,6.14; 9,2.17; 10,34; 13,42.47.48.50; 15,26; 17,27; 18,8.9.30; 21,21; 22,13; 25,27; 26,12; 27,6.35
Mk 1,16; 2,22; 4,26; 7,27.30.33; 9,22.42.45.47; 11,23; 12,41.42.43.44; 14,65; 15,24
Lk 3,9; 4,9; 5,37.38; 12,28.49.58; 13,8.19; 14,35; 16,20; 21,1.2.3.4.19.25.34

Werk
Mt 5,16; 11,2.19; 23,3.5; 26,10
Mk 13,34; 14,6
Lk 11,48; 24,19

Widersacher
Lk 13,17; 21,15

wiederherstellen
Mt 12,13; 17,11
Mk 3,5; 8,25; 9,12
Lk 6,10

wiederum
Mt 4,7.8; 5,33; 13,45.47; 18,19; 19,24; 20,5; 21,36; 22,1.4; 26,42.43.44.72; 27,50
Mk 2,1.13; 3,1.20; 4,1; 5,21; 7,14.31; 8,1.13.25; 10,1.10.24.32; 11,3.27; 12,4; 14,39.40.61.69.70; 15,4.12.13;
Lk 6,43; 13,20; 23,20

Wille
Mt 6,10; 7,21; 12,50; 18,14; 21,31; 26,42
Mk 3,35
Lk 11,2; 12,47; 22,42; 23,25

Wind
Mt 7,25.27; 8,26.27; 11,7; 14,24.30.32; 24,21
Mk 4,47.39.41; 6,48.51; 13,27
Lk 7,24; 8,23.24.25

wirklich
Mk 11,32
Lk 23,47; 24,34

Witwe
Mt 23,14
Mk 12,40.42.43
Lk 2,37; 4,25.26; 7,12; 18,3.5; 20,47; 21,2.3

woher
Mt 13,27.54.56; 15,33; 21,25
Mk 6,2; 8,4; 12,37
Lk 1,43; 13,25.27; 20,7

Wohlgefallen
Mt 11,26
Lk 2,14; 10,21

Wohlgefallen finden
Mt 3,17; 12,18; 17,5
Mk 1,11
LK 3,22; 12,32

Wolke
Mt 17,5; 24,30; 26,64
Mk 9,7; 13,26; 14,62
Lk 9,34.35; 12,54; 21,27

wollen *(boulomai)*
Mt 1,19; 11,27
Mk 15,15
Lk 10,22; 22,42

wollen *(thelo)*
Mt 1,19; 2,18; 5,40.42; 7,12; 8,2.3; 9,13; 11,14; 12,7.38; 13,28; 14,5; 15,28.32; 16,24.25; 17,4.12; 18,23.30; 19,17.21; 20,14.15.21.26.27.32; 21,29.30; 22,3.4; 23,37; 26,15.17.39; 27,15.17.21.34.43

Mk 1,40.41; 3,13; 6,19.22.25.26.48; 7,24; 8,34.35; 9,13.30.35; 10,35.36.43.44.51; 12,38; 14,7.12.36; 15,9.12
Lk 1,62; 4,6; 5,12.13.39; 6,31; 8,20; 9,23.24.54; 10,24.29; 12,49; 13,31.34; 14,28; 15,28; 16,26; 18,4.13.41; 19,14.27; 20,46; 22,9; 23,8.20

Wort, Sache *(logos)*
Mt 5,32.37; 7,24.26.28; 8,8.16; 10,14; 12,32.36.37; 13,19.20.21.22.23; 15,6.12.23; 18,23; 19,1.11.22; 21,24; 22,15.46; 24,35; 25,19; 26,1.44; 28,15
Mk 1,45; 2,2; 4,14.15.16.17.18.19.20.33; 5,36; 7,13.29; 8,32.38; 9,10; 10,22.24; 11,29; 12,13; 13,31; 14,39; 16,20
Lk 1,2.4.20.29; 3,4; 4,22.32.36; 5,1.15; 6,47; 7,7.17; 8,11.12.13.15.21; 9,26.28.44; 10,39; 11,28; 12,10; 16,2; 20,3.20; 21,33; 23,9; 24,17.19.44

Wuchs
Mt 6,27
Lk 2,52; 12,25; 19,3

würdig
Mt 3,8; 10,10.11.13.37.38; 22,8
Lk 3,8; 7,4; 10,7; 12,48; 15,19.21; 23,15.41

Wüste
Mt 3,1.3; 4,1; 11,7; 15,33; 24,26
Mk 1,3.4.12.13; 8,4
Lk 1,80; 3,2.4; 4,1; 5,16; 7,24; 8,29; 15,4

Wurzel
Mt 3,10; 13,6.21
Mk 4,6.17; 11,20
Lk 3,9; 8,13

Z

Zähneknirschen
Mt 8,12; 13,42.50; 22,13; 24,51; 25,30

Zebedäus
Mt 4,21; 10,2; 20,20; 26,37; 27,56
Mk 1,19.20; 3,17; 10,35
Lk 5,10

zehn
Mt 20,24; 25,1.28
Mk 10,41
Lk 13,4.11.16; 14,31; 15,8; 17,12.17; 19,13.16.17.24.25

Zeichen
Mt 12,38.39; 16,1.3.4; 24,3.24.30; 26,48
Mk 8,11.12; 13,4.22; 16,17.20
Lk 2,12.34; 11,16.29.30; 21,7.11.25; 23,8

zeigen, anzeigen
Mt 4,8; 8,4; 16,21
Mk 1,44; 14,15
Lk 4,5; 5,14; 20,24; 27,12; 24,40

Zeit, Frist *(kairos)*
Mt 8,29; 11,25; 12,1; 13,30; 14,1; 16,3; 21,34.41.45; 26,18
Mk 1,15; 10,30; 11,13; 12,2; 13,33
Lk 1,20; 4,13; 8,13; 12,42.56; 13,1; 18,30; 19,44; 20,10; 21,8.24.36

zerren
Mk 1,26; 9,26
Lk 9,39

zerstreuen *(diaskorpizo)*
Mt 25,24.26; 26,31
Mk 14,27
Lk 1,51; 15,13; 16,1

zerstreuen *(skorpizo)*
Mt 12,30
Lk 11,23

zertreten
Mt 5,13; 7,6
Lk 8,5; 12,1

Zeuge
Mt 18,16; 26,65
Mk 14,63
Lk 11,48; 24,48

Zeugnis
Mt 8,4; 10,18; 24,14
Mk 1,44; 6,11; 13,9; 14,55.56.59
Lk 5,14; 9,5; 21,13; 22,71

ziehen, hin-
Mt 2,8.9.20; 8,9; 9,13; 10,6.7; 11,4.7; 12,45; 18,12; 19,15; 21,2.6; 22,9.15; 24,1; 25,9.16.41; 26,14; 27,66; 28,7.11.16.19
Mk 16,10.12.15
Lk 1,6.39; 2,3.41; 4,30.42; 5,24; 7,6.8.11.22.50; 8,14.48; 9,12.13.51.52.53.56.57; 10,37.38; 11,5.26; 13,31.32.33; 14,10.19.31; 15,4.15.18; 16,30; 17,11.14.19; 19,12.28.36; 21,8; 22,8.22.33.39; 24,13.28

Zöllner
Mt 5,46; 9,10.11; 10,3; 11,19; 18,17; 21,31.32
Mk 2,15.16
Lk 3,12; 5,27.29.30; 7,29.34; 15,1; 18,10.11.13

Zorn
Mt 3,7
Mk 3,5
Lk 3,7; 21,23

zu Ende gehen → sterben

Zunge
Mk 7,33.35; 16,17
Lk 1,64; 16,24

zurückkehren *(hypostrepho)*
Lk 1,56; 2,20.43.45; 4,1.14; 7,10; 8,37.39.40; 9,10; 10,17; 11,24; 17,15.18; 19,12; 23.48.56; 24,9.33.52

zurückwenden → umwenden

zurückziehen, sich
Mt 2,12.13.14.22; 4,12; 9,24; 12,15; 14,13; 15,21; 27,5
Mk 3,7

zusammenkommen
Mt 1,18
Mk 3,20; 14,53
Lk 5,15; 23,55

(zusammen)-lesen
Mt 7,16; 13,28.29.30.40.41.48
Lk 6,44

zusammenrufen
Mk 15,16
Lk 9,1; 15,6.9; 23,13

zuwenden → umwenden

zwei
Mt 4,18.21; 5,41; 6,24; 8,28; 9,27; 10,10.29; 11,2; 14,17.19; 18,8.9.16.19.20; 19,5.6; 20,21.24.30; 21,1.28.31; 22,40; 24,40.41; 25,15.17.22; 26,2.37.60; 27,21.38.51
Mk 6,7.9.38.41.43.45.47; 10,8.35; 11,1; 12,42; 14,1.13; 15,27.38; 16,12
Lk 2,24; 3,11; 5,2; 7,18.41; 9,3.13.16.30.32; 10,1.17.35; 12,6.52; 15,11; 16,13; 17,34.35; 18,10; 19,29; 21,2; 22,38; 23,32; 24,4.13

Zweig
Mt 13,32; 21,8; 24,32
Mk 4,32; 13,28
Lk 13,19

zwingen
Mt 5,41; 27,32
Mk 15,21

Zwölf
Mt 9,20; 10,1.2.5; 11,1; 14,20; 19,28; 20,17; 26,14.20.47.53
Mk 3,14.16; 4,10; 5,25.42; 6,7.43; 8,19; 9,35; 10,32; 11,11; 14,10.17.20.43
Lk 2,42; 6,13; 8,1.42.43; 9,1.12.17; 18,31; 22,3.14.30.47